AU NOM
DE LA LIBERTÉ

ÉTONNANTS • CLASSIQUES

AU NOM
DE LA LIBERTÉ

Poèmes
de la Résistance

Présentation, notes, dossier et cahier photos par
ANNE BERVAS-LEROUX
Avec la collaboration de
BRUNO LEROUX

Flammarion

La poésie
dans la collection «Étonnants Classiques»

APOLLINAIRE, *Alcools*
Au nom de la Liberté – Poèmes de la Résistance (anthologie)
BAUDELAIRE, *Les Fleurs du mal*
DU BELLAY, *Les Regrets*
LA FONTAINE, *Le Corbeau et le Renard et autres fables* (collège)
    Fables (lycée)
Le Parti pris du monde – 22 poèmes contemporains
Poèmes de la Renaissance (anthologie)
Poésie et lyrisme (anthologie)
Poésie, j'écris ton nom – Introduction à la poésie (anthologie)
RIMBAUD, *Poésies*
VERLAINE, *Fêtes galantes, Romances sans paroles*
    précédées de *Poèmes saturniens*

© Flammarion, Paris, 2000.
Édition revue, 2014.
ISBN : 978-2-0812-1969-4
ISSN : 1269-8822

SOMMAIRE

Au nom de la Liberté
Poèmes de la Résistance

Résistance n'est qu'espérance. Telle la lune
d'Hypnos, pleine cette nuit de tous ses quartiers,
demain vision sur le passage des poèmes.
René Char, « Feuillets d'Hypnos ».

Résistance :
histoire d'un mot

La Résistance est d'abord un mot : il s'applique à l'action menée pendant la Seconde Guerre mondiale par ceux qui s'opposèrent à l'occupation de leur pays par les troupes allemandes. Le général de Gaulle usa du mot « résistance » dès son appel du 18 juin 1940, qu'il lança de Londres sur les ondes de la BBC [1] pour exhorter ceux qui le pouvaient à le rejoindre en Angleterre : « Quoi qu'il arrive, la flamme de la résistance ne doit pas s'éteindre et ne s'éteindra pas. » En France aussi, les premiers groupes qui refusent l'Occupation revendiquent le mot : l'organisation du Musée de l'Homme baptise sa publication clandestine *Résistance*, en souvenir d'une prisonnière huguenote [2] qui, au temps des guerres de religion, avait gravé ces quelques lettres sur les murs de sa cellule, dans la tour de Constance, à Aigues-Mortes.

---

1. *BBC* : radio anglaise.
2. *Huguenote* : protestante.

À partir de 1942, le mot s'écrivit le plus souvent avec une majuscule et, par métonymie[1], il désigna bientôt l'ensemble des personnes (les résistants), des organisations et des mouvements participant à cette action[2].

L'engagement de ces premiers résistants naquit donc d'un refus : refus d'accepter l'armistice, refus d'accepter l'occupation du pays par l'ennemi, refus enfin d'accepter la collaboration avec l'occupant que le régime de Vichy n'allait pas tarder à mettre en application. Mais pour les rebelles de la première heure, terriblement isolés parmi une population assommée par la défaite, le premier combat à mener fut celui des mots. Très vite, des papillons[3], des tracts, des feuilles clandestines appellent au réveil patriotique en dépit des dangers encourus pour quiconque est arrêté en possession d'un de ces papiers interdits. Des poèmes sont appris par cœur, recopiés et diffusés sous le manteau. D'autres, destinés à la publication légale, sont chargés de double sens par des poètes pratiquant ce que l'on a appelé une « poésie de contrebande ».

Pendant les quatre années de l'Occupation, c'est tout un peuple de l'ombre qui trouve ainsi sa voix dans une parole poétique retournant à ses sources populaires, protestataires ou satiriques[4]. Mais, si cette poésie se révèle nécessaire pour exprimer le désarroi de la débâcle, la colère contre l'Occupation, les souffrances face aux restrictions et à la répression, si sa force est celle d'un appel à l'insurrection et à la rébellion, certains ne manquent pas de critiquer l'utilisation partisane qui en est faite.

---

1. *Métonymie* : procédé rhétorique qui consiste à désigner une chose par un autre terme qui lui est nécessairement lié. Ici, la Résistance désigne par métonymie tous ceux qui s'engagèrent dans la Résistance.
2. Voir A. Rey, *Dictionnaire historique de la langue française*, Le Robert.
3. *Papillons* : feuillets imprimés que l'on distribue ou que l'on colle.
4. Voir les quatre poèmes anonymes du dossier (p. 82).

Poésie de résistance : honneur ou déshonneur des poètes ?

Des poètes s'engagent, refusent l'occupation nazie et l'asservissement qui en résulte, avec les moyens qui sont les leurs. Mais, faire entrer la poésie dans le champ troublé de la guerre et de la dissidence, c'est la faire entrer dans un autre ordre. Comment ne pas dévaloriser le genre poétique en lui demandant de donner ses mots pour dire l'engagement, les misères de la nation, les malheurs de ceux qui sont tombés pour l'honneur de la patrie ?

Aux yeux de ceux qui se taisent, qui ont émigré (comme les surréalistes André Breton ou Benjamin Péret), aux yeux de ceux qui s'éloignent mais restent vigilants dans la tourmente, ces poètes clandestins qui prêtent leur plume à une cause ou à un peuple sont parfois devenus traîtres à leur vocation et à leur art.

Benjamin Péret, dans son pamphlet *Le Déshonneur des poètes*[1], a violemment critiqué cette poésie qui, selon lui, s'était laissé prendre aux pièges du nationalisme et du discours patriotique pour devenir une poésie réactionnaire ne dépassant pas « le niveau lyrique de la publicité pharmaceutique ». Le surréaliste ne reconnaît plus ses amis d'avant-guerre qui reviennent aux sources de la littérature française, voire à un certain classicisme de la langue, quand ils se prêtaient naguère aux jeux des « cadavres exquis[2] »

---

1. Voir le dossier, p. 78.
2. *Cadavres exquis* : jeu pratiqué notamment par les surréalistes, et qui consiste à écrire collectivement un texte, chacun poursuivant la phrase commencée par le précédent joueur, mais sans en connaître le contenu.

et à l'écriture automatique[1]. Sa prise de position rejoint celle d'André Breton qui, en 1932, condamnait la poésie de circonstance, ou encore celle d'Arthur Koestler, écrivain anglais qui reproche à Aragon et à Vercors d'exploiter les misères du temps pour nourrir leurs œuvres («la littérature de la Résistance française, celle par exemple d'Aragon et de Vercors, n'est que charlatanisme littéraire, marché noir sur lequel le sacrifice humain, la lutte et le désespoir sont mis en vente»).

On reproche donc à cette poésie de Résistance une certaine pesanteur didactique, un angélisme pétri de bons sentiments patriotiques, avec lesquels, comme chacun sait, on ne peut faire de bonne littérature[2]. Elle apparaît en tout cas trop liée à un contexte exceptionnel pour espérer passer à la postérité. D'ailleurs, René Char, qui fut l'un des poètes français les plus engagés dans la Résistance (sous le pseudonyme de capitaine Alexandre), choisit quant à lui de ne pas publier pendant la guerre; ses «Feuillets d'Hypnos» ne seront édités qu'en 1947.

Difficile dès lors de situer cette poésie, suspecte, discréditée pour être trop proche de l'histoire des hommes et des chapelles politiques. Pourtant, on n'a peut-être jamais autant lu et dit de poésie que pendant ces années de l'Occupation, et les poètes n'ont peut-être jamais trouvé une telle audience, muette certes mais ardente. La poésie n'a sans doute jamais été aussi présente dans les derniers moments des hommes, parole de vie quand la mort était proche, parole d'espoir quand tout était perdu. Donc, en dépit de toutes les réserves émises, force est de constater que la

---

1. *Écriture automatique* : procédé développé par les surréalistes, qui tentèrent ainsi de libérer l'imaginaire à travers une écriture libre des contraintes traditionnelles (non plus le contrôle de la raison, le respect de la logique, l'utilisation de procédés rhétoriques mais le «dérèglement de tous les sens»). Cette pratique devait être une initiation poétique première et indispensable.
2. Allusion à une formule prêtée indûment à Gide : «C'est avec les beaux sentiments qu'on fait de la mauvaise littérature.» (cf. *Journal*, 2 septembre 1940)

poésie fut le genre littéraire privilégié de ces années de guerre. On a même parlé d'un renouveau poétique : n'était-ce pas là le signe qu'au-delà des réticences d'ordre esthétique, la parole poétique était bien devenue nécessaire et donc juste ?

« Pourquoi des poètes en temps de détresse ? »

À cette question posée par le poète allemand Hölderlin dans l'une de ses élégies, on pourrait répondre que la poésie devient parole de vie quand une nourriture spirituelle devient aussi nécessaire à l'homme que le pain. C'est ce que suggère Pierre Seghers en citant une carte reçue en février 1942. Elle provient d'un camp de prisonniers français en Allemagne, où le lieutenant Jean Bénac, poète, sort chaque mois une petite revue de poésie (*Notes de poésie*), « modestement ronéotypée et rédigée dans une cave ». Il écrit : « Votre revue me fait du bien. C'est tout. Il faudrait que tous les Français connaissent la place que nous donnons à la Poésie, nous qui n'avons rien, et la foi que nous avons dans la Poésie française [1]. »

En effet, en des temps devenus difficiles, où tout est rationné (y compris le papier) et contrôlé (y compris par la censure), le texte poétique, court, rapidement recopié et diffusé, facilement mémorisable, devient le sésame de la liberté d'expression : des revues poétiques (comme *Messages* de Jean Lescure en zone occupée, *Poésie* de Pierre Seghers en zone Sud ou encore la revue

---

1. Lettre du 16 février 1942, citée dans P. Seghers, *La Résistance et ses poètes*, Seghers, 1974, p. 165.

Fontaine de Max-Pol Fouchet à Alger) et de nombreux tracts émanant des réseaux et des mouvements diffusent des textes que la censure refuse. Ainsi, la «Ballade de celui qui chanta dans les supplices», premier poème d'Aragon entré dans la clandestinité (sous le nom de plume de Jacques Destaing), devient rapidement un des classiques de la poésie de la Résistance. Le poème est appris par cœur, copié, recopié, distribué sous forme de tract, et connaît une diffusion foudroyante.

La poésie, dès lors, s'impose vite comme la parole dense et forte qui concentre les grandes questions de l'homme en danger ; elle est la parole vive pour résister au chaos. Jorge Semprun a pu ainsi évoquer dans son ouvrage autobiographique, *L'Écriture ou la vie*, comment la charge émotionnelle, esthétique et métaphysique de la poésie l'avait aidé à survivre, lui et ses compagnons, dans l'enfer concentrationnaire de Buchenwald [1].

On sait combien la parole pouvait être parole de vie mais aussi menace de mort : l'ouvrage de Pierre Seghers, *La Résistance et ses poètes*, fourmille d'anecdotes d'éditeurs arrêtés puis déportés pour avoir publié des poèmes «subversifs», et le fait même de porter sur soi un poème clandestin pouvait justifier à l'époque l'arrestation. C'est peut-être là que la poésie de la Résistance prend tout son sens : celui d'une parole qui engage non seulement celui qui écrit mais aussi celui qui la lit, ce qui crée une communauté de parole et une même interrogation pour tous : quelles valeurs justifient que l'on risque sa vie pour elles ?

---

1. Voir le dossier, p. 74.

Enjeux et modalités de la parole poétique

La parole poétique devient celle autour de laquelle va se réunir un lectorat issu de tous les milieux et de toutes les obédiences politiques, à un moment où une partie de l'élite intellectuelle (Brasillach, Drieu la Rochelle) a trahi. La parole poétique devient parole du refus, et c'est toute une communauté réunifiée qui, dans la poésie de la Résistance, va se rassembler autour de valeurs qui ne vont plus de soi, pour reconquérir sa dignité et proclamer la force de son identité.

Ainsi le poète va-t-il être le héraut [1] qui parle pour les muets, bâillonnés par l'humiliation de la défaite, puis par le déferlement de la propagande. Son poème s'adresse à tous ces lecteurs anonymes qui peuplent l'ombre, pour créer une communauté d'esprit mais aussi pour exhorter à la révolte et formuler un appel (d'où les nombreuses modalités injonctives des textes). Le poète sonne alors la diane [2] (cf. *La Diane française* d'Aragon) ou décrète l'état de veille (*État de veille* de Desnos). Parfois encore, le poète est celui qui va donner une voix ultime à ceux qui sont tombés, et les sauver ainsi de l'oubli : c'est ce que font Robert Desnos dans les « Couplets de la rue Saint-Martin » et René Char dans certains des « Feuillets d'Hypnos ». Si le texte poétique parle au nom de l'autre, il est aussi parole à un autre soi-même : le poète s'adresse à des voix sœurs, d'où ce souffle fraternel et ce sentiment de connivence qui traversent souvent les poèmes de Résistance. D'où

---

1. *Héraut* : au Moyen Âge, celui qui était chargé de la transmission des messages et des proclamations officielles.
2. *Diane* : sonnerie de clairon ou de trompette pour réveiller les soldats.

aussi ce ton de confidence et l'efficacité consolatrice de ces textes qui bercent la souffrance née de la tourmente de la guerre.

L'écriture poétique acquiert dans ce contexte une valeur primordiale renforcée par le fait qu'elle va puiser – pour les recueils clandestins comme pour ceux publiés au grand jour – aux sources de la littérature française. Elle pourra ainsi réaffirmer l'identité culturelle du pays face à l'occupant. Nombre d'écrivains choisissent ainsi de réutiliser des histoires empruntées à notre littérature, mais en les détournant de leur sens premier. Aragon, quant à lui, renouvelle son écriture poétique en y intégrant l'héritage de la poésie médiévale, ce qui lui permet de contourner la censure par tout un jeu d'allusions savantes comme dans son recueil *Brocéliande*, que le jeune catholique Gilbert Dru, dédicataire de « La Rose et le Réséda », avait, dit-on, dans sa poche quand il fut arrêté.

Certaines formes traditionnelles aux qualités mnémotechniques [1], comme la ballade, le lai, la chanson, sont abondamment utilisées. Refrains, répétitions, rimes ou allitérations rendent en effet le message qu'elles véhiculent plus facilement mémorisable et lui confèrent solennité et force de persuasion.

La poésie du peuple devient ainsi populaire au sens noble du terme.

« Poésie et vérité »

Cette parole poétique particulière, poésie engagée aux côtés des hommes, à l'écoute d'une réalité exceptionnelle pour mieux en supporter la charge, fut parfois suspectée d'être une littérature

---

1. *Mnémotechniques* : qui facilitent le travail de la mémoire par des procédés d'association mentale.

partisane, inféodée à des convictions politiques ou idéologiques. Mais, d'Eluard à Pierre Emmanuel, de Desnos à Pierre Jean Jouve, « Celui qui croyait au ciel / Celui qui n'y croyait pas », les poètes de la Résistance étaient issus d'horizons divers. Souvent, ils furent concrètement engagés dans la lutte clandestine et ont parfois payé un lourd tribut à leur engagement. Aussi les interrogations que peut susciter aujourd'hui cette poésie engagée dépassent-elles le seul champ esthétique.

En effet, à s'attacher ainsi au destin d'un peuple en des circonstances particulières et dramatiques, la poésie de la Résistance court peut-être le risque de n'être plus comprise quand les temps ont changé ; le principe de connivence sur lequel elle repose souvent pourrait devenir un handicap pour le lecteur quand l'Histoire a passé ; enfin, sa force émotionnelle peut s'éroder, voire s'effacer quand les générations successives ne connaissent plus ou n'ont jamais connu les années noires de la guerre et de l'Occupation.

Cette poésie de la Résistance serait-elle donc une poésie datée que de jeunes lecteurs ne pourraient plus lire ou comprendre aujourd'hui ? Même si des précisions d'ordre historique sont souvent nécessaires pour en éclairer la lecture, il n'en reste pas moins que cette poésie porte témoignage de temps qui pourraient revenir et que, ayant trouvé la langue irradiante des vraies questions, elle rejoint des questionnements qui touchent à l'universel. Certes, parfois le poème est maladroit, les codes de lecture trop appuyés, les procédés d'écriture trop voyants, mais la parole nous touche et nous parle en vérité. Nous aurions parfois aimé qu'elle fût plus belle mais il peut suffire qu'elle soit vraie, « Poésie et vérité, comme nous savons, étant synonymes [1] ».

---

1. René Char, « Partage formel », XVII, *Fureur et Mystère*, Gallimard, 1948.

CHRONOLOGIE

1939 1945
1939 1945

- ■ Repères historiques
- ■ Les poètes français et la guerre

Repères historiques

1939   *1er septembre* : l'Allemagne nazie envahit la Pologne.
Début de la Seconde Guerre mondiale.

1940   *10 mai* : Hitler lance l'offensive à l'Ouest,
contre la France, la Belgique et les Pays-Bas.
14 juin : entrée des Allemands dans Paris.
Le gouvernement français s'est enfui à Bordeaux.
17 juin : le maréchal Pétain, président du Conseil,
annonce à la radio qu'il a demandé l'armistice.
18 juin : de Londres, appel à la Résistance
du général de Gaulle.
25 juin : entrée en vigueur de l'armistice. Les deux tiers
de la France sont occupés par l'armée allemande.
11 juillet : à Vichy, le maréchal Pétain, investi des pleins
pouvoirs par le parlement, crée un régime autoritaire
et personnel : l'État français. Dans les deux zones,
des tracts et des feuilles clandestines commencent
à circuler.
Automne : premières mesures antisémites allemandes
(en zone occupée) et françaises (Statut des Juifs).
24 octobre : rencontre de Montoire entre Hitler et Pétain,
qui entérine la politique de « collaboration ».

1941   *Été-automne* : l'Allemagne attaque l'URSS. Premiers
attentats communistes contre l'occupant. Le cycle attentats-
représailles commence (22 octobre : 27 fusillés
à Châteaubriant).

Les poètes français et la guerre

1940   *Juin* : l'occupant suspend provisoirement l'activité
des grands éditeurs parisiens.
Août : en zone occupée, les Allemands commencent
à interdire des livres sur des critères politiques et raciaux.
Octobre : les Juifs n'ont plus le droit de diriger une maison
d'édition ou une revue. En zone occupée, les éditeurs
doivent accepter le principe de l'autocensure pour reprendre
leur activité, et les revues littéraires sont interdites,
sauf la *NRF* de Gallimard (confiée à Drieu la Rochelle,
partisan de la collaboration). L'occupant tolérera plus tard
de rares revues, confidentielles et au statut précaire :
Messages de Jean Lescure devra s'exiler en Suisse.
La censure de Vichy s'exerce en zone libre, mais de façon
moins rigide. Des revues dirigées par des poètes
continueront d'y paraître : *Poésie* de Seghers, *Fontaine*
de Max-Pol Fouchet (à Alger), *Confluences* (à partir
de juillet 1941).

1941   *Printemps* : les Allemands démantèlent la plus importante
organisation résistante de zone occupée, le groupe
du Musée de l'Homme. Il diffusait un journal clandestin
rédigé par des écrivains : Cassou, Aveline, Paulhan.
André Breton quitte la France pour New York.
Avril : Aragon publie *Le Crève-cœur*.
12 décembre : Jean Cassou est arrêté à Toulouse,
où il a intégré un réseau de résistance. En prison,
il va composer ses *33 Sonnets*.

Repères historiques

Les poètes français et la guerre

1942   *Janvier* : en Suisse (revue *Traits*), à Alger (revue *Fontaine*), paraissent des poèmes de P. Seghers et P. Emmanuel en hommage aux fusillés de Châteaubriant.
Février : les Éditions de Minuit clandestines impriment leur premier ouvrage : *Le Silence de la mer* de Vercors (pseudonyme du graveur Jean Bruller).
Mars : en zone occupée, les Allemands durcissent le contrôle sur l'édition : toute publication doit désormais avoir un numéro d'autorisation. À Paris, Jean Lescure publie le premier numéro de la revue *Messages*.
Avril : Eluard publie semi-clandestinement (sans visa de censure) *Poésie et Vérité 42*, qui contient « Liberté » et « Couvre-feu ». Guillevic publie *Terraqué*, tout en s'apprêtant à rejoindre le Parti communiste clandestin.
Juillet : Robert Desnos devient membre du réseau de résistance Agir, tout en gardant comme couverture un emploi au journal collaborationniste *Aujourd'hui*.
Septembre : premier numéro des *Lettres françaises clandestines*, où paraîtront à partir de 1943, sous pseudonymes, des poèmes d'Eluard, Aragon, Tardieu, Queneau...
Hiver : René Char passe au maquis et commence un journal (les futurs « Feuillets d'Hypnos »). Eluard et Aragon entrent dans la clandestinité.

Repères historiques

1943
Printemps-été : réagissant à la création par Vichy
du Service du Travail Obligatoire en Allemagne (STO),
des dizaines de milliers de jeunes « réfractaires » se cachent
ou passent au maquis.
27 mai : première réunion du Conseil national
de la Résistance sous la présidence de Jean Moulin.

1944
Février : création des Forces françaises de l'Intérieur (FFI).
21 février : exécution à Paris de 22 résistants FTP-MOI
(communistes étrangers), dont le chef est le poète
arménien Manouchian.
6 juin : débarquement allié en Normandie.
15 août : débarquement allié en Provence.
19-25 août : libération de Paris. Insurgés depuis le 19,
les résistants ont été rejoints le 24 août par les troupes
alliées. *12 septembre* : jonction des troupes alliées débarquées
en Normandie et en Provence. La France est libérée,
sauf dans sa partie est (Lorraine, Alsace).

1945
11 avril : libération du camp de Buchenwald.
8 mai : capitulation de l'Allemagne nazie.

Les poètes français et la guerre

1943   *Avril* : Desnos publie *État de veille*, qui contient
les «Couplets de la rue Saint-Martin».
14 juillet : les Éditions de Minuit clandestines publient
L'Honneur des poètes, recueil collectif (sous pseudonymes)
préfacé par Eluard. Il contient notamment «Ce cœur qui haïssait
la guerre» de Desnos.
Août : parution du poème *Le Musée Grévin* d'Aragon,
première publication des éditions clandestines
de la Bibliothèque Française.
Septembre : les paroles du «Chant des Partisans», écrit
à Londres par Druon et Kessel, paraissent dans la presse
clandestine.
Novembre : en Suisse paraît *Domaine français*, un recueil
rassemblant cinquante-huit écrivains et poètes français.

1944   *22 février* : à Paris, Robert Desnos est arrêté
pour son appartenance à la Résistance.
Mars : Max Jacob meurt au camp de Drancy,
alors qu'il allait être déporté en tant que Juif.
Mai : publication clandestine des *33 Sonnets* de Jean Cassou
(sous le pseudonyme de Jean Noir) et de *Europe*,
anthologie de poèmes de la Résistance européenne,
aux Éditions de Minuit.
7 juillet : Marianne Cohn, jeune résistante des Éclaireurs
Israélites de France, est assassinée par la Gestapo
à Annemasse.

1945   *Février* : parution à Mexico du *Déshonneur des poètes*
de Benjamin Péret.
8 juin : mort de Robert Desnos au camp de concentration
de Theresienstadt (Terezin), en Tchécoslovaquie.

Paul Eluard

■ Paul Eluard (avec le brassard) et sa femme Nush devant la librairie « Les Cahiers d'Art », lors de la libération de Paris.

Paul Eluard (1895-1952)

Infirmier pendant la Première Guerre mondiale, il publie ses premiers poèmes en hommage aux « poilus » avant de participer aux mouvements poétiques d'avant-garde (dada, surréalisme) dans les années 1920, aux côtés d'André Breton.

Il évolue vers une poésie liant le pouvoir libérateur de l'amour et un idéal de fraternité humaniste.

Sous l'Occupation, il vit à Paris, où il publie d'abord légalement des recueils de poésie à tirage restreint. Ses activités clandestines commencent en 1942 : il se rapproche du Parti communiste (d'où il avait été exclu avant-guerre) et organise le Comité national des écrivains de zone occupée. À partir de 1943, il publie sous le couvert de divers pseudonymes (comme Jean Du Haut) dans des revues clandestines.

Il coordonne et présente l'anthologie *L'Honneur des poètes* (1943). Contraint à la clandestinité totale à partir d'octobre 1943, il se cache en Lozère, puis à Paris jusqu'à la libération de la capitale.

Liberté

Paul Eluard a d'abord fait paraître son poème sous le titre « Une seule pensée », avant de l'intégrer en avril 1942 au recueil *Poésie et Vérité*, publié semi-clandestinement. Le poème fait l'ouverture du recueil et s'intitule désormais « Liberté ». Sous ce titre, il connaîtra un destin hors du commun, puisqu'il sera parachuté par la RAF (*Royal Air Force*, l'aviation anglaise) dans des containers destinés à la Résistance intérieure.

Liberté

Sur mes cahiers d'écolier
Sur mon pupitre et les arbres
Sur le sable sur la neige
J'écris ton nom

5   Sur toutes les pages lues
Sur toutes les pages blanches
Pierre sang papier ou cendre
J'écris ton nom

Sur les images dorées
10   Sur les armes des guerriers
Sur la couronne des rois
J'écris ton nom

Sur la jungle et le désert
Sur les nids sur les genêts
15   Sur l'écho de mon enfance
J'écris ton nom

Sur les merveilles des nuits
Sur le pain blanc des journées
Sur les saisons fiancées
20   J'écris ton nom

Sur tous mes chiffons d'azur
Sur l'étang soleil moisi
Sur le lac lune vivante
J'écris ton nom

25 Sur les champs sur l'horizon
Sur les ailes des oiseaux
Et sur le moulin des ombres
J'écris ton nom

Sur chaque bouffée d'aurore
30 Sur la mer sur les bateaux
Sur la montagne démente
J'écris ton nom

Sur la mousse des nuages
Sur les sueurs de l'orage
35 Sur la pluie épaisse et fade
J'écris ton nom

Sur les formes scintillantes
Sur les cloches des couleurs
Sur la vérité physique
40 J'écris ton nom

Sur les sentiers éveillés
Sur les routes déployées
Sur les places qui débordent
J'écris ton nom

45 Sur la lampe qui s'allume
Sur la lampe qui s'éteint
Sur mes maisons réunies
J'écris ton nom

Sur le fruit coupé en deux
50 Du miroir et de ma chambre
Sur mon lit coquille vide
J'écris ton nom

Sur mon chien gourmand et tendre
Sur ses oreilles dressées
55   Sur sa patte maladroite
J'écris ton nom

Sur le tremplin de ma porte
Sur les objets familiers
Sur le flot du feu béni
60   J'écris ton nom

Sur toute chair accordée
Sur le front de mes amis
Sur chaque main qui se tend
J'écris ton nom

65   Sur la vitre des surprises
Sur les lèvres attentives
Bien au-dessus du silence
J'écris ton nom

Sur mes refuges détruits
70   Sur mes phares écroulés
Sur les murs de mon ennui
J'écris ton nom

Sur l'absence sans désir
Sur la solitude nue
75   Sur les marches de la mort
J'écris ton nom

Sur la santé revenue
Sur le risque disparu
Sur l'espoir sans souvenir
80   J'écris ton nom

Et par le pouvoir d'un mot
Je recommence ma vie
Je suis né pour te connaître
Pour te nommer

85   Liberté.

«Liberté», *Poésie et Vérité*, 1942.
© Éditions de Minuit.

Couvre-feu

En avril 1942, Eluard publie son recueil *Poésie et Vérité*. Il emprunte son titre à Goethe, un écrivain allemand du XVIIIe siècle. Le poète ajoute au volume trois poèmes qui avaient été préalablement édités par la revue *Fontaine* de Max-Pol Fouchet à Alger ; il s'agit de « Patience », « Dimanche après-midi » et « Couvre-feu ».
Or, ces trois poèmes vont être interdits par la censure.
Dès juin 1940, en effet, les Allemands ont imposé le couvre-feu en zone occupée : « La population doit se tenir dans ses demeures entre 10 heures du soir et 5 heures du matin. Les postes [de garde] allemands ont reçu l'ordre d'arrêter toute personne rencontrée sur la voie publique entre les heures ci-dessus. »
L'année suivante, le couvre-feu est avancé à 21 heures, puis à 20 heures, voire 18 heures dans les villes où des sabotages et des attentats sont perpétrés par les résistants.

Couvre-feu

Que voulez-vous la porte était gardée
Que voulez-vous nous étions enfermés
Que voulez-vous la rue était barrée
Que voulez-vous la ville était matée [1]
5   Que voulez-vous elle était affamée
Que voulez-vous nous étions désarmés
Que voulez-vous la nuit était tombée
Que voulez-vous nous nous sommes aimés.

« Couvre-feu », *Poésie et Vérité*, 1942.
© Éditions de Minuit.

Quelques pistes de lecture

« J'écris ton nom : Liberté »
• Aragon, « Les Croisés », *Le Crève-cœur*, 1941.
• René Char, « La Liberté », *Seuls demeurent*, 1938-1944.
• Pierre Emmanuel, *La liberté guide nos pas*, 1945.
• Robert Desnos, « Ce cœur qui haïssait la guerre » : voir p. 40.

Paris, ville occupée, ville aimée
• Eluard, « Courage » (écrit en 1942), *Les Armes de la douleur*, 1944.
• Cassou, Sonnet XXV, « Paris, ses monuments de sang drapés, son ciel... », *33 Sonnets composés au secret*, 1944. ∎

---

1. *Matée* : domptée, soumise, parfois par la violence.

L'humain au cœur des ténèbres

Face aux «années noires», la Résistance s'approprie des œuvres tutélaires à l'ombre desquelles elle peut se «désaltére[r]», comme le dit le poète René Char, qui rejoignit la Résistance sous le pseudonyme «capitaine Alexandre». Au mur de son quartier général à Céreste, il épingle ainsi un tableau de Georges de la Tour, qui paraît l'envelopper de son aura protectrice (voir p. 67). En effet, on voit souvent le poète «écrire des pages à la hâte, sous une petite reproduction du *Prisonnier* de Georges de la Tour [...], illuminé lui aussi par la bougie de la visiteuse*.»

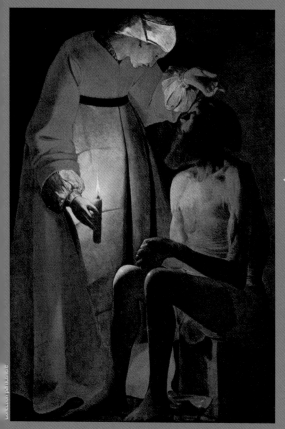

◄ *Job raillé par sa femme* (connu dans les années 1930 sous le titre *Le Prisonnier*) de Georges de la Tour, v. 1650, musée départemental d'Épinal. René Char rend hommage à cette œuvre dans ces termes: «Reconnaissance à Georges de la Tour qui maîtrisa les ténèbres hitlériennes avec un dialogue d'êtres humains» (*Feuillets d'Hypnos*, fragment 178). Faut-il voir dans la figure féminine une Marianne miséricordieuse qui se penche sur le pays humilié et annonce des jours meilleurs?

*Georges-Louis Roux, «René Char, hôte de Céreste», in *René Char. Cahier de l'Herne*, L'Herne, 1975, p. 129-137.

Les symboles de la Résistance

La Résistance diffuse un grand nombre de journaux, qui popularisent les emblèmes des différents mouvements clandestins : symboles politiques et religieux, ou signes qui rassemblent tous les combattants de l'ombre, comme le V de la Victoire, que les résistants sont invités à tracer sur les murs. La croix de Lorraine, signe de la France libre dès juillet 1940, et la sculpture de Rude intitulée *La Marseillaise* seront largement adoptées pour représenter une Résistance unifiée.

© BnF

▲ La diversité politique et sociale des résistants se reflète dans leurs journaux clandestins, en particulier par leurs symboles : faucille et marteau pour le Parti communiste, martyr qui rappelle la figure christique pour les intellectuels catholiques de *Témoignage chrétien*. Journal fondé par un mouvement plus composite, *Combat* illustre à la fois le rejet de la collaboration (avec le nom de Pierre Laval, chef du gouvernement vichyste, en forme de croix gammée) et le ralliement au général de Gaulle (avec la croix de Lorraine).

▼ William Wolpe, dit Woop (1904-1958), illustration pour le journal de la France libre à Londres, *La Marseillaise*.
Woop, caricaturiste antinazi, réalise de nombreux dessins engagés pour la France libre. Celui-ci évoque avec humour la campagne dite « des V », lancée dans toute l'Europe à partir de mars 1941.

« Au moins dans ce village les gens nous respectent. »

▶ François Rude (1784-1855), *Le Départ des Volontaires de 1792* (dit *La Marseillaise*), haut-relief, sur l'Arc de triomphe de la place de l'Étoile. Il représente le rassemblement de tous les Français pour défendre la nation en danger, menés par une femme ailée qui rappelle à la fois les allégories de la Victoire et de la Patrie, et la Marianne, incarnation de la Révolution. Les résistants font de cette sculpture du XIXᵉ siècle un symbole de leur combat.

© RMN-Grand Palais / Agence Bulloz

Pour la
FRANCE LIBRE
Comité DE GAULLE
IN HOC SIGNO VINCES
CASTELLANO   Nº 7

◀ Couverture de *Pour la France libre*, bulletin du comité de Gaulle d'Argentine (rédacteur : Albert Guérin), qui reprend *La Marseillaise* de Rude. Les premiers résistants à se revendiquer de la Marianne sont les expatriés qui soutiennent de Gaulle depuis l'Amérique du Sud. L'association entre Marianne et croix de Lorraine se généralise à partir de 1942 : les Français de métropole rejettent alors clairement le régime de Vichy et prouvent l'attachement de la nation à la République.

© Fondation de la France Libre / FFL

La caricature comme arme

Tristement familière aux spectateurs des actualités (diffusées au cinéma sous forme de courts-métrages) et des films et affiches de propagande, la figure de Hitler se reflète dans le miroir déformant de la caricature. Violence et fanatisme d'une idéologie mortifère sont ainsi dénoncés.

◀ Charlie Chaplin, *Le Dictateur*, 1940. Chaplin y incarne le tyran Hynkel, double de Hitler. Dans les discours du dictateur, véritable parodie des films de propagande nazis, Hynkel-Hitler théâtralise ses propos de façon grotesque avec la gestuelle mécanique d'un pantin.

▶ Joseph Steib (1898-1966), *Le Conquérant*, 1942. Peintre amateur, Steib dénonce l'humiliation de l'Occupation et la barbarie du nazisme. Sa caricature de Hitler en monstre vociférant s'inspire de l'art d'Arcimboldo, peintre italien du XVIe siècle, et rejoint la veine satirique des artistes allemands George Grosz (1893-1959) et John Heartfield (1891-1968).

Questions

1. Dans le tableau de Joseph Steib, identifiez les différents éléments qui composent la caricature et rattachez-les à la biographie de Hitler, ainsi qu'aux buts de la satire.
2. Quel bestiaire Steib a-t-il choisi ? Faites des recherches sur les codes symboliques des animaux représentés.

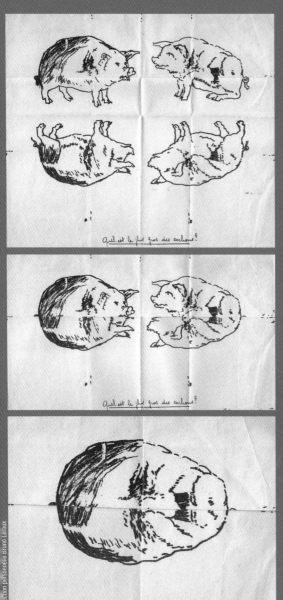

Quel est le plus gros des cochons?

Quel est le plus gros des cochons?

◀ « Quel est le plus gros des cochons ? » ou « Le cinquième cochon », dessin anonyme. Dans les pays occupés, circulent des plaisanteries sur les dirigeants nazis, des poésies anonymes (voir p. 82) et des caricatures à l'encontre des Allemands. Par exemple, ce dessin des quatre cochons, plié, fait apparaître la tête du Führer. D'abord commercialisé en Angleterre, il est diffusé en France et en Belgique par parachutage, depuis les avions alliés. Il est ensuite redessiné sur place, comme souvent pour les documents clandestins, reproduits à la main.

Portraits de déportés

La poésie de la Résistance est indissociable du nom et du visage des résistants et déportés, connus ou anonymes, dont elle fut la parole et l'écho. C'est par eux qu'elle prend son sens véritable.

► Photo de déportés : au centre figure le poète Robert Desnos, au camp de Terezin (Tchécoslovaquie) en mai 1945.
Arrêté à Paris sur dénonciation en février 1944, Robert Desnos est déporté en Allemagne avant d'être transféré à Terezin, où il meurt du typhus le 8 juin 1945. La photo est prise peu avant son décès. Comment ne pas rapprocher la tenue rayée du déporté de la fabulette prémonitoire intitulée « Le Zèbre », qu'écrit Desnos en 1944 : « Le zèbre, cheval des ténèbres / Lève le pied, ferme les yeux / [...] / Mais la prison sur son pelage / a laissé l'ombre du grillage » ?

Collection FNDIRP

© DR. Photo © Centre Pompidou, MNAM-CCI, Dist. RMN-Grand Palais / Philippe Migeat

◄ Abbé Jean Daligault (1899-1945), *Détenu à Hinzert*, 1942-1943, centre Georges-Pompidou.
L'abbé Jean Daligault, fondateur d'un groupe de résistants démantelé en 1941, est arrêté, déporté en France et en Allemagne, puis exécuté à Dachau en avril 1945. Interné aux camps de Hinzert et de Trèves, il réalise une œuvre bouleversante avec les moyens à sa disposition : du papier journal solidifié avec la chaux d'un mur lui sert de toile et, pour les couleurs, il utilise la rouille d'une pelle. Ses portraits, criants de vérité, offrent un témoignage poignant de la survie des détenus.

« Le tombeau des héros est le cœur des vivants* » : affiches et mémoire

L'Affiche rouge, une affiche de propagande

Terme aux connotations péjoratives, « propagande » désigne l'ensemble des mesures prises pour transmettre un message et agir sur la perception d'un événement, influencer et manipuler l'opinion publique. L'Affiche rouge en est un exemple.

© Mémorial Leclerc – Musée Jean Moulin / Roger-Viollet

▶ Placardée le 21 février 1944 sur les murs de Paris, l'Affiche rouge est censée discréditer de soi-disant criminels, les 23 « terroristes » du groupe Manouchian, dont elle annonce l'exécution. Mais elle n'a pas l'effet espéré par la propagande nazie : après la Libération, elle devient une icône paradoxale de la Résistance.

Questions

1. Analysez la composition de l'affiche et le rôle du slogan, en vous intéressant à la mise en page, au sens de lecture de l'ensemble, à la palette de couleurs, aux codes de la typographie et au vocabulaire employé.
2. Comment sont utilisées les deux séries de photographies ?
   Décrivez leur disposition et expliquez le message implicite de la propagande nazie.
3. Comment et pourquoi cette affiche n'a-t-elle pas atteint son but initial, au point de devenir l'un des symboles de la Résistance ?

* André Malraux, *Oraisons funèbres*, 1971.

La Marianne aux stigmates, une affiche politique

◀ Paul Colin,
*La Marianne
aux stigmates*,
17 août 1944.
Affichiste de renom,
Paul Colin
(1892-1985)
met son art
au service de la
Libération de Paris.
Dans cette image
dépouillée
et allégorique,
il évoque la fin
des ténèbres
de l'Occupation
et l'espoir retrouvé.

Questions

1. Identifiez les différents éléments qui composent l'image et recherchez ce qui est suggéré
   par le peintre (marques aux mains, corps du personnage, couleurs en arrière-plan…).
2. Interprétez le sens implicite de la gestuelle de la Marianne,
   en la replaçant dans le contexte historique où l'affiche a été produite.
3. Recherchez dans l'histoire de l'art une sculpture, une statue et un tableau
   qui ont pu inspirer Paul Colin et rendre plus dense la portée de son affiche.

Louis Aragon

■ Aragon à l'époque de la guerre d'Espagne.

Louis Aragon (1897-1982)

Jeune combattant en 1918, il crée après la guerre avec André Breton le mouvement surréaliste, mais s'en éloigne dans les années 1930 pour prôner une poésie et un roman engagés, au service de l'idéal communiste.

Après la défaite de 1940, il s'installe en zone libre et publie légalement de la « poésie de contrebande », où le refus de l'Occupation affleure constamment. Il prône alors le retour au poème rimé.

En contact avec le Parti communiste clandestin depuis 1941, il devient lui-même clandestin en 1943 (après l'invasion de la zone Sud) et se cache dans la Drôme.

Organisateur du Comité national des écrivains de zone Sud, il publie clandestinement plusieurs recueils de poèmes sous divers pseudonymes (Jacques Destaing, François la Colère...).

La Rose et le Réséda

Dernier poème qu'Aragon signa de son nom avant de rentrer dans la clandestinité, « La Rose et le Réséda » parut en mars 1943 dans la revue *Le Mot d'ordre*. Ce n'est que lorsque le poème fut publié dans le recueil *La Diane française*, en décembre 1944, qu'Aragon y fit figurer le nom des quatre dédicataires, deux communistes (Gabriel Péri et Guy Môquet) et deux catholiques (Honoré d'Estiennes d'Orves et Gilbert Dru), tous exécutés par les Allemands pendant la guerre.

La Rose et le Réséda [1]

À Gabriel Péri et d'Estiennes d'Orves
comme à Guy Môquet et Gilbert Dru [2]

Celui qui croyait au ciel
Celui qui n'y croyait pas
Tous deux adoraient la belle
Prisonnière des soldats
5 Lequel montait à l'échelle
Et lequel guettait en bas
Celui qui croyait au ciel
Celui qui n'y croyait pas
Qu'importe comment s'appelle
10 Cette clarté sur leur pas
Que l'un fût de la chapelle [3]
Et l'autre s'y dérobât
Celui qui croyait au ciel
Celui qui n'y croyait pas
15 Tous les deux étaient fidèles
Des lèvres du cœur des bras

---

1. *Réséda* : plante à fleurs blanches ou jaunes qui ruissellent en grappe.

2. *Gabriel Péri* : député communiste, il fut fusillé comme otage le 15 décembre 1941 au Mont-Valérien, en même temps que cinquante-trois Juifs internés au camp de Drancy.

Honoré d'Estienne d'Orves : officier de marine et fervent catholique, il avait rallié la France Libre dès juillet 1940 et créé sur le territoire français un réseau de renseignements. Trahi, il fut arrêté et fusillé au Mont-Valérien le 29 août 1941, avec d'autres membres de son réseau.

Guy Môquet : à 17 ans, ce fils d'un député communiste fit partie des martyrs de Châteaubriant, fusillés comme otages le 22 octobre 1941.

Gilbert Dru : jeune militant catholique engagé dans la Résistance lyonnaise, il fut arrêté en juillet 1944 et exécuté en représailles à un attentat.

3. *La chapelle* : lieu de culte. Ici, «être de la chapelle» signifie être croyant (cf. le distique qui sert de refrain). À noter, la connotation médiévale du mot.

Et tous les deux disaient qu'elle
Vive et qui vivra verra
Celui qui croyait au ciel
20   Celui qui n'y croyait pas
Quand les blés sont sous la grêle
Fou qui fait le délicat
Fou qui songe à ses querelles
Au cœur du commun combat
25   Celui qui croyait au ciel
Celui qui n'y croyait pas
Du haut de la citadelle [1]
La sentinelle tira
Par deux fois et l'un chancelle
30   L'autre tombe qui mourra
Celui qui croyait au ciel
Celui qui n'y croyait pas
Ils sont en prison Lequel
A le plus triste grabat [2]
35   Lequel plus que l'autre gèle
Lequel préfèrent les rats
Celui qui croyait au ciel
Celui qui n'y croyait pas
Un rebelle est un rebelle
40   Nos sanglots font un seul glas [3]
Et quand vient l'aube cruelle
Passent de vie à trépas [4]
Celui qui croyait au ciel
Celui qui n'y croyait pas

---

1. Citadelle : forteresse qui commandait une ville.
2. Grabat : lit misérable.
3. Glas : tintement d'une cloche d'église pour annoncer l'agonie, la mort ou les obsèques d'une personne.
4. Trépas : mort.

45 Répétant le nom de celle
Qu'aucun des deux ne trompa
Et leur sang rouge ruisselle
Même couleur même éclat
Celui qui croyait au ciel
50 Celui qui n'y croyait pas
Il coule il coule et se mêle
À la terre qu'il aima
Pour qu'à la saison nouvelle
Mûrisse un raisin muscat
55 Celui qui croyait au ciel
Celui qui n'y croyait pas
L'un court et l'autre a des ailes
De Bretagne ou du Jura
Et framboise ou mirabelle
60 Le grillon rechantera
Dites flûte ou violoncelle
Le double amour qui brûla
L'alouette et l'hirondelle
La rose et le réséda

«La Rose et le Réséda», *La Diane française*, 1944.
© Éditions Gallimard.

Quelques pistes de lecture

L'inspiration médiévale
• Aragon, «C» et «Chanson de récréance», *Les Yeux d'Elsa*, 1942.
• Aragon, *Brocéliande*, 1942.
• Pour mieux comprendre les choix poétique d'Aragon, on pourra lire sa préface aux *Yeux d'Elsa* : «*Arma virumque cano*». ■

Robert Desnos

Robert Desnos (1900-1945)

D'abord séduit par les expérimentations surréalistes (écriture automatique, transcription de rêves), Robert Desnos s'en éloigne dans les années 1930 pour retourner à des formes plus populaires à travers la création radiophonique et l'écriture de chansons.

Pendant l'Occupation, il vit à Paris, journaliste à *Aujourd'hui*. En 1942, il entre dans le réseau de résistance Agir, à qui il transmet les informations sur l'Allemagne parvenues à son journal, que contrôle l'Occupant. Il contribue aussi à la confection de faux papiers pour des résistants et des Juifs. Parallèlement, il renoue avec l'activité poétique, à travers des recueils publiés légalement : *Fortunes* (1942), *État de veille* (1943). En février 1944, son réseau est victime d'une trahison. Arrêté, il est déporté en Allemagne, puis en Tchécoslovaquie, au camp de Terezin. Il y meurt d'épuisement le 8 juin 1945, quelques jours après la libération du camp.

Couplets de la rue Saint-Martin

Le 28 avril 1943, Robert Desnos publie *État de veille*, écrit « pour quelques amis ». Grou-Radenez, son imprimeur, sera arrêté quelque temps après pour faits de résistance et ne reviendra pas de déportation. Quelques poèmes du recueil sont datés de 1942, dont les « Couplets de la rue Saint-Martin », écrits peu après l'arrestation d'André Platard, ami de Desnos. La rue Saint-Martin, lieu confraternel, était aussi une rue qui réveillait l'enfance : les parents de Desnos y avaient emménagé au numéro 11 en 1902, quand le poète avait deux ans.

Couplets de la rue Saint-Martin

Je n'aime plus la rue Saint-Martin [1]
Depuis qu'André Platard l'a quittée.
Je n'aime plus la rue Saint-Martin,
Je n'aime rien, pas même le vin.

5 Je n'aime plus la rue Saint-Martin
Depuis qu'André Platard l'a quittée
C'est mon ami, c'est mon copain [2].
Nous partagions la chambre et le pain.
Je n'aime plus la rue Saint-Martin.

10 C'est mon ami, c'est mon copain.
Il a disparu un matin,
Ils l'ont emmené, on ne sait plus rien.
On ne l'a plus revu dans la rue Saint-Martin.

Pas la peine d'implorer les saints,
15 Saints Merri, Jacques, Gervais et Martin [3],
Pas même Valérien [4] qui se cache sur la colline.

---

1. *Rue Saint-Martin* : rue du quartier des Halles à Paris, cher aux surréalistes (cf. «Tournesol» dans *Clair de terre* d'André Breton).
2. *Copain* : forme populaire de compagnon, étymologiquement : qui partage son pain avec (*cum/panis*).
3. *Saints Merri, Jacques, Gervais et Martin* : paroisses et églises du même quartier.
4. *Valérien* : situé sur une colline (le mont Valérien) dominant Suresnes, le Mont-Valérien, ancien lieu d'ermitage au XVe siècle, fut transformé en fort militaire au XIXe siècle ; de 1941 à 1944, plus d'un millier de Français y furent fusillés par les Allemands.

Le temps passe, on ne sait rien.
André Platard a quitté la rue Saint-Martin.

«Couplets de la rue Saint-Martin», *État de veille*, 1943.
© Éditions Gallimard.

Ce cœur qui haïssait la guerre...

Robert Desnos a publié pendant la guerre – sous des pseudonymes – plusieurs poèmes dans des revues clandestines. Ainsi en fut-il de « Ce cœur qui haïssait la guerre... », qu'il signa du nom de Pierre Andier, et qui parut le 14 juillet 1943 dans *L'Honneur des poètes*, aux Éditions de Minuit alors clandestines.

Ce cœur qui haïssait la guerre...

Ce cœur qui haïssait la guerre voilà qu'il bat pour le combat et la bataille !
Ce cœur qui ne battait qu'au rythme des marées, à celui des saisons, à celui des heures du jour et de la nuit,
5   Voilà qu'il se gonfle et qu'il envoie dans les veines un sang brûlant de salpêtre[1] et de haine
Et qu'il mène un tel bruit dans la cervelle que les oreilles en sifflent
Et qu'il n'est pas possible que ce bruit ne se répande pas dans la ville et la campagne
10   Comme le son d'une cloche appelant à l'émeute et au combat.
Écoutez, je l'entends qui me revient renvoyé par les échos.

---

1. Salpêtre : (étymologie : «sel de pierre» en latin médiéval) poudre blanche, mélange naturel de nitrates, qui se forme sur les vieux murs humides. Peut aussi signifier «poudre de guerre», car les nitrates servaient à fabriquer poudres et explosifs.

Mais non, c'est le bruit d'autres cœurs, de millions d'autres cœurs battant comme le mien à travers la France.

Ils battent au même rythme pour la même besogne tous ces
15 cœurs,
    Leur bruit est celui de la mer à l'assaut des falaises
    Et tout ce sang porte dans des millions de cervelles un même mot d'ordre :
    Révolte contre Hitler et mort à ses partisans !
20 Pourtant ce cœur haïssait la guerre et battait au rythme des saisons,
    Mais un seul mot : Liberté a suffi a réveiller les vieilles colères
    Et des millions de Français se préparent dans l'ombre à la besogne que l'aube proche leur imposera.
25 Car ces cœurs qui haïssaient la guerre battaient pour la liberté au rythme même des saisons et des marées, du jour et de la nuit.

«Ce cœur qui haïssait la guerre», *L'Honneur des poètes*, 1943.
© Éditions Gallimard.

Quelques pistes de lecture

Paris, ville occupée, ville aimée
• Desnos, « La Prophétie », *Contrée*, 1944.
• Desnos, « Le Veilleur du Pont-au-Change », paru sous la signature de Valentin Guillois dans *L'Honneur des poètes* en mai 1944. ■

Jean Cassou

■ Jean Cassou en 1938.

Jean Cassou (1897-1986)

Conservateur de musée, écrivain et critique d'art, Jean Cassou a pris parti en 1936 pour la République espagnole agressée par les dictatures. Dès juillet 1940, il entre en résistance, d'abord à Paris (groupe du Musée de l'Homme), puis à Toulouse où il est arrêté en décembre 1941 par la police de Vichy pour son appartenance au réseau Bertaux. Il est incarcéré à la prison militaire de Furgole. Libéré en juin 1943, il reprend aussitôt son action clandestine. À la Libération, il est désigné pour être le futur commissaire régional de la République de la région de Toulouse. Il est grièvement blessé pendant la nuit même de la libération de Toulouse. Fait Compagnon de la Libération par le général de Gaulle, il dirige après la guerre le musée national d'Art moderne.

Sonnet VI

Dans une préface à ses sonnets, rédigée en 1962, Jean Cassou expliqua comment, arrêté le 13 décembre 1941 avec des membres de son réseau, il fut mis au secret à la prison militaire de Furgole, à Toulouse.

C'est dans sa cellule qu'il apprit par cœur les poèmes qu'il composa de mémoire, une fois la nuit venue, « au secret », sans crayon ni papier, avec le seul secours d'une âme aux aguets. Ce seront les *33 Sonnets composés au secret*.

VI

À mes camarades de prison.

Bruits lointains de la vie, divinités secrètes,
trompe d'auto, cris des enfants à la sortie,
carillon du salut[1] à la veille des fêtes,
voiture aveugle se perdant à l'infini,

5   rumeurs cachées aux plis des épaisseurs muettes,
quels génies[2] autres que l'infortune et la nuit,
auraient su me conduire à l'abîme où vous êtes ?
Et je touche à tâtons vos visages amis.

Pour mériter l'accueil d'aussi profonds mystères
10   je me suis dépouillé de toute ma lumière :
la lumière aussitôt se cueille dans vos voix.

Laissez-moi maintenant repasser la poterne[3]
et remonter, portant ces reflets noirs en moi,
fleurs d'un ciel inversé, astres de ma caverne.

«Sonnet VI», *33 Sonnets composés au secret*, 1944.
© Éditions Gallimard.

---

1. *Carillon du salut* : sonnerie des cloches qui indique, lors des vigiles (veilles) des fêtes liturgiques, le salut au Saint Sacrement (hostie consacrée) ; d'où le carillon d'une église proche.
2. *Génies* : êtres mythiques, esprits bons ou mauvais qui influent sur la destinée des hommes.
3. *Poterne* : porte dérobée dans la muraille d'enceinte d'un château ou de fortifications.

Jean Cassou | 45

Quelques pistes de lecture

La poésie comme viatique

La poésie fut souvent le seul viatique réservé aux poètes prisonniers pour lutter contre la mort, la solitude et le désespoir. Voici quelques auteurs qui trouvèrent dans les mots l'évasion impossible : Charles d'Orléans, François Villon, Théophile de Viau, Clément Marot, André Chénier, Paul Verlaine, Guillaume Apollinaire.

Écrire en prison

La prison peut être la dernière épreuve et le lieu des paroles ultimes pour les résistants arrêtés. On lira le témoignage que rédigea Boris Vildé dans la prison de la Santé, puis dans celle de Fresnes, durant les années 1941-1942, avant d'être exécuté le 23 février 1942 au Mont-Valérien : *Journal et lettres de prison, 1941-1942*, éditions Allia, 1997. ∎

Eugène Guillevic

Eugène Guillevic (1907-1997)

Breton, fils de gendarme, Eugène Guillevic entre dans la fonction publique en 1926. En 1935, il est nommé à Paris au ministère des Finances. La montée des dictatures change profondément ce catholique pratiquant, qui se rapproche du communisme.

C'est sous l'Occupation qu'il publie légalement son premier recueil de poèmes, *Terraqué*[1], rassemblant des textes qui remontent, pour certains, aux années 1930.

Poésie dense, de peu de mots, elle transmet à travers l'évocation de la Bretagne une vision du réel faite d'affrontements continuels avec la matière.

Bientôt, Guillevic adhère au Parti communiste clandestin où il fait de la résistance civile (faux papiers, transports de documents).

À partir de 1943, d'autres poèmes de lui paraissent clandestinement. Ils seront recueillis après guerre, en 1947, dans son second recueil, intitulé *Exécutoire*[2].

Bretagne

Le poème « Bretagne » appartient à l'avant-dernière section du recueil *Exécutoire*, intitulée « Fractures ».

---

1. *Terraqué* : composé de terre et d'eau en parlant de la planète Terre (le globe terraqué).
2. *Exécutoire* : (terme juridique) qui donne pouvoir d'appliquer les effets d'une loi ou d'un jugement.

Délibérément méfiant à l'égard de tout lyrisme et de tout pathos, Guillevic convoque ici un langage dépouillé pour un face à face avec la réalité quotidienne de la guerre et la souffrance des humbles.

Bretagne

Il y a beaucoup de vaisselle,
Des morceaux blancs sur le bois cassé,

Des morceaux de bol, des morceaux d'assiette
Et quelques dents de mon enfant
5   Sur un morceau de bol blanc.

Mon mari aussi a fini,
Vers la prairie, les bras levés,
Il est parti, il a fini[1].

Il y a tant de morceaux blancs,
10 De la vaisselle, de la cervelle
Et quelques dents de mon enfant.

Il y a beaucoup de bols blancs,
Des yeux, des poings, des hurlements,

Beaucoup de rire et tant de sang
15 Qui ont quitté les innocents.

« Bretagne », *Exécutoire*, 1947.
© Éditions Gallimard.

---

1. *Il a fini* : euphémisme pour signifier la mort.

En complément de lecture

• Lire la dernière section d'*Exécutoire* : « Les Charniers ». ■

Joseph Kessel
Maurice Druon

■ Maurice Druon et Joseph Kessel en 1953.

Joseph Kessel (1898-1979)
et Maurice Druon (né en 1918)

Écrivain et grand reporter d'origine russe, Joseph Kessel s'engage dans l'aviation pendant la guerre de 1914-1918, participant à plusieurs missions dangereuses. Lors de la guerre d'Espagne, en 1936, il combat aux côtés des républicains. Dès 1941, il entre dans la Résistance et passe clandestinement en Angleterre. Il effectue alors des missions spéciales dans l'aviation. C'est à Londres, pendant l'année 1943, que Kessel écrit *L'Armés des ombres*, roman aux franges du témoignage, de la chronique et du document, qui veut rester fidèle à l'esprit de la Résistance. La guerre terminée, Kessel reprendra la route des voyages et des reportages, et poursuivra sa carrière d'écrivain.

Sorti aspirant de l'école de cavalerie de Saumur en 1940, Maurice Druon prend part à la bataille de la Loire. Ayant participé à la Résistance en France, il rejoint, en 1942, les Forces françaises Libres à Londres où, avec son oncle, Joseph Kessel, il participe aux émissions «Honneur et Patrie» de la BBC. Après guerre, il se consacre à la littérature sans cesser de s'intéresser à la politique. Membre de l'Académie française, il est ministre des Affaires culturelles en 1973-1974.

Le Chant des Partisans

À Londres, Kessel et Druon entendent, en mai 1943, une jeune Russe, Anna Marly, chanter sa marche des Partisans sur une mélodie qui les touche. Conservant la musique, ils composent un texte, inspiré des paroles originales et de la vie des maquis sur le sol français. Introduit secrètement en France par d'Astier de la Vigerie[1], le *Chant des Partisans* va devenir l'un des hymnes tragiques de la Résistance : il sera publié clandestinement en France dans *Les Cahiers de Libération* (septembre 1943), puis parachuté par la Royal Air Force sur les territoires occupés.

Les Partisans[2]

Ami, entends-tu
Le vol noir des corbeaux
Sur nos plaines ?

Ami, entends-tu
5   Les cris sourds du pays
Qu'on enchaîne ?

Ohé Partisans
Ouvriers et Paysans
C'est l'alarme !

---

1. *Emmanuel d'Astier de la Vigerie* (1900-1969) : officier de marine, fondateur en zone Sud du mouvement de résistance Libération.
2. *Partisans* : combattants n'appartenant pas à une armée régulière. Pendant la Seconde Guerre mondiale, de nombreux groupes de résistants ont pris le nom de partisans.

10   Ce soir l'ennemi
Connaîtra le prix du sang
Et les larmes

Montez de la mine
Descendez des collines
15   Camarades,

Sortez de la paille
Les fusils, la mitraille,
Les grenades !

Ohé les tueurs
20   À la balle ou au couteau
Tuez vite !

Ohé saboteur
Attention à ton fardeau
Dynamite !

25   C'est nous qui brisons
Les barreaux des prisons
Pour nos frères !

La haine à nos trousses
Et la faim qui nous pousse,
30   La misère…

Il y a des pays
Où les gens au creux du lit
Font des rêves

Ici, nous, vois-tu,
35   Nous on marche et nous on tue,
Nous on crève

Ici, chacun sait
Ce qu'il veut, ce qu'il fait
Quand il passe...

40 Ami, si tu tombes
Un ami sort de l'ombre
À ta place,

Demain, du sang noir
Séchera au grand soleil
45 Sur les routes

Sifflez compagnons...
Dans la nuit la liberté
Nous écoute...

Le Chant des Partisans, 1943.
© Éditions Raoul Breton.

Quelques pistes de lecture

La chanson engagée
- Aristide Briant (1851-1925), *La Chanson des Canuts*.
- Jean-Baptiste Clément (1863-1903), *Le Temps des cerises*.
- D'Astier de la Vigerie, *La Complainte des Partisans* (aussi célèbre en son temps que *Le Chant des Partisans*).
- *Le Chant des Marais*, créé par des détenus allemands du camp de Börgermoor, puis adopté en 1945 par les survivants des camps et les familles des disparus.
- *Barbara*, poème de Prévert, mis en musique par J. Kosma.
- *Nuit et Brouillard* (1963), de Jean Ferrat, qui évoque la déportation. ∎

Marianne Cohn

Marianne Cohn (1922-1944)

Fille de Juifs allemands fuyant le IIIe Reich, elle se réfugie avec ses parents en Espagne, d'où la guerre civile la contraint à s'exiler de nouveau à Paris. Prise dans la nasse des lois antisémites de 1940, elle trouve un refuge précaire dans une maison pour enfants juifs à Moissac (Tarn-et-Garonne). Engagée dans l'organisation clandestine du Mouvement de la Jeunesse Sioniste (MJS) sous le pseudonyme de Colin, elle se charge de faire passer clandestinement des enfants juifs vers la Suisse. Le 31 mai 1944, elle prend la responsabilité d'un convoi, mais elle est arrêtée, avec les vingt-huit enfants dont elle a la charge, à 200 mètres de la frontière, à Annemasse (Haute-Savoie). Malgré l'offre du maire d'organiser son évasion, elle refuse d'abandonner les enfants. Emmenée dans la nuit du 7 au 8 juillet 1944 par la Gestapo, elle est assassinée à quelques kilomètres de là, à Ville-la-Grande. On retrouvera son corps après la Libération. Un jardin commémoratif est dédié à Marianne Cohn au mémorial de Yad Va Chem, à Jérusalem.

Je trahirai demain

À la fin de la guerre, un des enfants internés à la prison Pax à Annemasse remet à la responsable du MJS un poème qui aurait été écrit par Marianne Cohn lors d'un premier séjour en prison, en novembre 1943. Nul ne peut certifier que ces quelques vers soient bien de la main de la jeune résistante, mais ils sont indissolublement liés au destin de celle qui fut arrêtée, incarcérée dans les locaux de la Gestapo à Annemasse, puis assassinée dans la nuit du 7 au 8 juillet 1944.

Je trahirai demain

Je trahirai demain pas aujourd'hui.
Aujourd'hui, arrachez-moi les ongles,
Je ne trahirai pas.

Vous ne savez pas le bout de mon courage.
5   Moi je sais.
Vous êtes cinq mains dures avec des bagues.
Vous avez aux pieds des chaussures
Avec des clous.

Je trahirai demain, pas aujourd'hui,
10   Demain.
Il me faut la nuit pour me résoudre,
Il ne me faut pas moins d'une nuit
Pour renier, pour abjurer, pour trahir.

Pour renier mes amis,
15   Pour abjurer le pain et le vin,
Pour trahir la vie,
Pour mourir.

Je trahirai demain, pas aujourd'hui.
La lime est sous le carreau,
20   La lime n'est pas pour le barreau,
La lime n'est pas pour le bourreau,
La lime est pour mon poignet.

Aujourd'hui je n'ai rien à dire,
Je trahirai demain.

Quelques pistes de lecture

L'engagement au féminin

Marianne Cohn appartient à un long cortège de jeunes femmes qui s'engagèrent au péril de leur vie.

• On pourra ainsi lire le témoignage de Denise Holstein, jeune Rouennaise de 17 ans qui fut déportée avec les petits enfants juifs dont elle avait la charge : *Je ne vous oublierai jamais, mes enfants d'Auschwitz...*, Éditions n° 1, 1995.

• Voir également le destin de Sophie Scholl, jeune Allemande engagée dans le combat contre le nazisme en Allemagne dans son réseau « La Rose blanche ». ■

René Char

■ René Char à Céreste (Basses-Alpes) en 1943, à l'époque où il était dans le maquis.

René Char (1907-1988)

Né à l'Isle-sur-Sorgue, dans le Vaucluse, René Char participe un temps au mouvement surréaliste, qu'Eluard lui a fait connaître. En 1934, il reprend son indépendance pour poursuivre sa voie personnelle de poète, tout en manifestant sa solidarité avec les républicains espagnols (voir le *Placard pour un chemin des écoliers*, dédié en 1937 « aux enfants d'Espagne »).

Après la défaite de juin 1940, il continue à écrire mais se refuse à publier ses poèmes. Fin 1942, il devient membre de l'Armée secrète des mouvements de Résistance, qui se constitue en zone Sud. Début 1943, il passe au maquis et commence un journal (les futurs « Feuillets d'Hypnos »). En septembre 1943, il est nommé chef départemental de la SAP (Section Atterrissage Parachutage) des Basses-Alpes, section chargée de réceptionner et de stocker les armes parachutées à la Résistance.

En juillet 1944, Char part clandestinement pour Alger préparer le débarquement de Provence. Il revient en France fin août, puis rejoint l'armée régulière.

Ses textes écrits pendant la guerre paraissent d'abord séparément (« Seuls demeurent » en 1945, « Feuillets d'Hypnos » en 1946) avant d'être recueillis dans *Fureur et Mystère* en 1948.

Feuillets d'Hypnos (extraits)

Les 237 textes qui composent le recueil des « Feuillets d'Hypnos » forment une sorte de journal poétique consigné dans un carnet lors des années 1943-1944. Char ne s'en sépara jamais au maquis ; il le cacha lors de son départ à Alger en juillet 1944, mais le brûla à son retour, en ayant eu soin de recopier la partie « Journal » et quelques notes. Ces éclats de vers, bribes volées à la nuit, récits de vie, sont l'œuvre du double nocturne du poète : Hypnos. Dans la mythologie grecque, Hypnos est fils d'Érèbe (les Ténèbres des Enfers) et de Nyx (la Nuit), jumeau de Thanatos (la Mort). Hypnos, dieu du sommeil, est le veilleur qui attend l'aube, et symbolise celui qui attendit lui aussi la lumière dans la nuit de la guerre.

Feuillets d'Hypnos (extraits)

21
Amer avenir, amer avenir, bal parmi les rosiers...

22
AUX PRUDENTS : il neige sur le maquis et c'est contre nous chasse perpétuelle. Vous dont la maison ne pleure pas, chez qui l'avarice écrase l'amour, dans la succession des journées chaudes, votre feu n'est qu'un garde-malade. Trop tard. Votre cancer a parlé. Le pays natal [1] n'a plus de pouvoirs.

45
Je rêve d'un pays festonné [2], bienveillant, irrité soudain par les

---

1. *Pays natal* : expression chère au poète et qui fait référence non à la France mais à l'état de grâce, de bonheur subtil évoqué entre autres dans le poème « Qu'il vive ! » (*Les Matinaux*).
2. *Festonné* : orné, décoré, pavoisé.

travaux des sages en même temps qu'ému par le zèle de quelques dieux, aux abords des femmes.

72

Agir en primitif et prévoir en stratège.

83

Le poète, conservateur des infinis visages du vivant.

94

Ce matin, comme j'examinais un tout petit serpent qui se glissait entre deux pierres : « L'orvet du deuil » s'est écrié Félix. La disparition de Lefèvre, tué la semaine passée, affleure superstitieusement en image.

114

Je n'écrirai pas de poème d'acquiescement.

128

Le boulanger n'avait pas encore dégrafé les rideaux de fer de sa boutique que déjà le village[1] était assiégé, bâillonné, hypnotisé, mis dans l'impossibilité de bouger. Deux compagnies de S.S.[2] et un détachement de miliciens[3] le tenaient sous la gueule de leurs mitrailleuses et de leurs mortiers[4]. Alors commença l'épreuve.

Les habitants furent jetés hors des maisons et sommés de se rassembler sur la place centrale. Les clés sur les portes. Un vieux,

---

1. *Le village* : il s'agit de Céreste, village du Lubéron envahi par les nazis et la milice le 29 juin 1943, à 5 heures du matin. Char y vivait sous une fausse identité.
2. *S.S.* : *Schutzstaffel*, troupe d'élite du régime nazi chargée entre autres d'actions de représailles.
3. *Miliciens* : civils ayant rallié la Milice, organisation paramilitaire créée en 1943 par Darnand, partisan de la collaboration active avec l'Allemagne. La Milice fut utilisée par le régime de Vichy pour combattre la Résistance.
4. *Mortiers* : canons destinés à faire des tirs courbes.

dur d'oreille, qui ne tenait pas compte assez vite de l'ordre, vit les
25 quatre murs et le toit de sa grange voler en morceaux sous l'effet
d'une bombe. Depuis quatre heures j'étais éveillé. Marcelle[1] était
venue à mon volet me chuchoter l'alerte. J'avais reconnu
immédiatement l'inutilité d'essayer de franchir le cordon de sur-
veillance et de gagner la campagne. Je changeai rapidement de
30 logis. La maison inhabitée où je me réfugiai autorisait, à toute
extrémité, une résistance armée efficace. Je pouvais suivre de la
fenêtre, derrière les rideaux jaunis, les allées et venues nerveuses
des occupants. Pas un des miens n'était présent au village. Cette
pensée me rassura. À quelques kilomètres de là, ils suivraient mes
35 consignes[2] et resteraient tapis. Des coups me parvenaient,
ponctués d'injures. Les S.S. avaient surpris un jeune maçon qui
revenait de relever des collets. Sa frayeur le désigna à leurs tor-
tures. Une voix se penchait hurlante sur le corps tuméfié : «Où
est-il ? Conduis-nous», suivie de silence. Et coups de pied et
40 coups de crosse de pleuvoir. Une rage insensée s'empara de moi,
chassa mon angoisse. Mes mains communiquaient à mon arme
leur sueur crispée, exaltaient sa puissance contenue. Je calculais
que le malheureux se tairait encore cinq minutes, puis, fatale-
ment, il *parlerait*. J'eus honte de souhaiter sa mort avant cette
45 échéance. Alors apparut jaillissant de chaque rue la marée des
femmes, des enfants, des vieillards, se rendant au lieu de rassemblement, suivant un *plan concerté*. Ils se hâtaient sans hâte, ruis-
selant littéralement sur les S.S., les paralysant «en toute bonne
foi». Le maçon fut laissé pour mort. Furieuse, la patrouille se
50 fraya un chemin à travers la foule et porta ses pas plus loin. Avec
une prudence infinie, maintenant des yeux anxieux et bons regardaient dans ma direction, passaient comme un jet de lampe sur

---

1. *Marcelle* : Marcelle Sidoine, une amie de Char.
2. *Mes consignes* : Char voulait à tout prix éviter le drame des représailles
aux habitants de Céreste, et il ne voulait donc pas que le village se compromît
pour sauver un résistant (cf. le fragment 138 des «Feuillets d'Hypnos»).

ma fenêtre. Je me découvris à moitié et un sourire se détacha de
ma pâleur. Je tenais à ces êtres par mille fils confiants dont pas un
55 ne devait se rompre.

J'ai aimé farouchement mes semblables cette journée-là, bien
au-delà du sacrifice.

148

«Le voilà!» Il est deux heures du matin. L'avion a vu nos
signaux et réduit son altitude. La brise ne gênera pas la descente
60 en parachute du visiteur que nous attendons. La lune est d'étain
vif et de sauge[1]. «L'école des poètes du tympan» chuchote Léon
qui a toujours le mot de la situation.

169

La lucidité est la blessure la plus rapprochée du soleil.

231

Peu de jours avant son supplice, Roger Chaudon[2] me disait :
65 «Sur cette terre, on est un peu dessus, beaucoup dessous. L'ordre
des époques ne peut être inversé. C'est, au fond, ce qui me tran-
quillise, malgré la joie de vivre qui me secoue comme un ton-
nerre...»

237

Dans nos ténèbres, il n'y a pas une place pour la Beauté.
70 Toute la place est pour la Beauté.

«Feuillets d'Hypnos», *Fureur et Mystère*, 1948.
© Éditions Gallimard.

---

1. ***D'étain vif et de sauge*** : allusion à une couleur gris argenté.
2. ***Roger Chaudon*** : chef du secteur d'Oraison, il fut capturé par la Gestapo
alors qu'il dirigeait un transport d'armes. Il fut soumis à la torture. Son silence
fit de lui un martyr : ses tortionnaires l'enterrèrent vivant.

Pour aller plus loin

René Char, alias capitaine Alexandre, avait établi son PC (poste de commandement) dans une maison qui dominait le vallon de Céreste. Pierre Zingerman, adjoint de Char pendant les années 1943-1944, décrit son bureau[1] : « Sur un buffet, une pierre du pays, au centre, un poêle [...] ; au mur, il y avait une reproduction en couleurs du *Prisonnier* de Georges de la Tour[2]. »

À partir d'une reproduction du tableau, on pourra se demander pourquoi Char tenait tant à cette œuvre, puis se reporter au fragment 178 des « Feuillets d'Hypnos ».

René Char avait aussi épinglé sur un autre mur de la pièce un poème d'Étienne Jodelle (1532-1573), *L'Amour obscur*, recopié de sa main. Comment comprenez-vous ce choix ?

Comme un qui s'est perdu dans la forêt profonde
Loin de chemin, d'orée et d'adresse, et de gens,
Comme un qui en la mer grosse d'horribles vents
Se voit presque engloutir des grands vagues de l'onde,

Comme un qui erre aux champs lorsque la nuit au monde
Ravit toute clarté, j'avais perdu longtemps
Voie, route et lumière, et presque avec le sens
Perdu longtemps l'objet où plus mon heur se fonde

Mais quand on voit – ayant ces maux fini leur tour –
Aux bois, en mer, aux champs, le bout, le port, le jour
Ce bien présent plus grand que son mal on vient croire.

Moi donc qui ai tout tel en votre absence été,
J'oublie, en revoyant votre heureuse clarté,
Forêt, tourmente et nuit, longue, orageuse et noire.

---

1. Cité *in* René Char, *Dans l'atelier du poète*, Gallimard, « Quarto », 1992.
2. *Le Prisonnier* de Georges de la Tour (1593-1652) est également baptisé *Job raillé par sa femme*.

DOSSIER

La poésie et la vie

La lettre et le poème

• **Missak Manouchian, lettre à Mélinée**

Missak Manouchian est né en 1906 en Arménie, où sa famille est décimée lors des massacres commis par les Turcs contre les Arméniens, en 1915-1916. Réfugié en France en 1925, il gagne d'abord sa vie comme tourneur chez Citroën. Rapidement, il devient l'animateur de revues de la communauté arménienne, puis du journal du groupe arménien de la MOI (Main d'Œuvre Immigrée), organisation rattachée au Parti communiste. Il publie aussi des poèmes dans sa langue natale. Sous l'Occupation, il est nommé responsable politique de la section arménienne clandestine de la MOI. En 1943, il s'engage personnellement dans la lutte armée, prenant le commandement des Francs-Tireurs et Partisans de la MOI en région parisienne. Pendant quatre mois, d'août à novembre, ses équipes effectuent des dizaines de sabotages et d'attentats contre l'occupant. Traqué, son groupe est finalement démantelé en novembre. Il est traduit avec vingt-deux de ses compagnons devant un tribunal allemand à Paris, en février 1944. C'est l'occasion pour l'occupant et le régime de Vichy de lancer une vaste opération de propagande par voie de tracts, d'affiches (« l'affiche rouge »), de brochures et de reportages filmés : ils espèrent qu'en présentant la Résistance sous les traits de ces quelques étrangers, communistes, juifs pour la plupart, la population française s'en détournera. Condamné à mort, Manouchian est fusillé au Mont-Valérien avec ses camarades le 21 février 1944. Avant de mourir, il écrit à sa femme[1].

---

1. La lettre de Manouchian est reproduite ici dans son orthographe et sa syntaxe fautives originales.

Ma chère Mélinée, ma petite orpheline bien aimée. Dans quelques heures je ne serai plus de ce monde. On va être fusillé cet après-midi à 15 heures. Cela m'arrive comme un accident dans ma vie. Je n'y crois pas, mais pourtant, je sais bien que je ne te verrai plus jamais. Que puis-je t'écrire, tout est confus en moi et bien claire en même temps. Je m'étais engagé dans l'armée de la Libération en soldat volontaire et je meurs à deux doigts de la victoire et de but. Bonheur ! à ceux qui vont nous survivre et goutter la douceur de la liberté et de la Paix de demain. J'en suis sûre que le peuple français et tous les combattants de la liberté sauront honorer notre mémoire dignement. Au moment de mourir je proclame que je n'ai aucune haine contre le peuple allemand et contre qui que ce soit. Chacun aura ce qu'il méritera comme châtiment et comme récompense. Le peuple Allemand et tous les autres peuples vivront en paix et en fraternité après la guerre qui ne durera plus longtemps. Bonheur ! à tous ! – j'ai un regret profond de ne t'avoir pas rendu heureuse. J'aurais bien voulu avoir un enfant de toi comme tu le voulais toujours. Je te prie donc de te marier après la guerre sans faute et avoir un enfant pour mon honneur et pour accomplir ma dernière volonté. Marie-toi avec quelqu'un qui puisse te rendre heureuse. Tous mes biens et toutes mes affaires je lègue à toi et à ta sœur et pour mes neveux. Après la guerre tu pourras faire valoir ton droit de pension de guerre en tant que ma femme, car je meurs en soldat régulier de l'Armée française de la Libération. Avec l'aide de mes amis, qui voudront bien m'honorer tu feras éditer mes poèmes et mes écrits qui valent d'être lus. tu apportera mes souvenirs si possibles, à mes parents en Arménie. Je mourrais avec mes 23 camarades toute à l'heure avec courage et sérénité d'un homme qui a la conscience bien tranquille, car personnellement je n'ai fais mal à personne et si je l'ai fais, je l'ai fais sans haine. Aujourd'hui il y

---

1. *Fresnes* : prison de la banlieue parisienne (Val-de-Marne), entièrement contrôlée par les Allemands. De nombreux résistants y furent incarcérés.

a du soleil, c'est en regardant au soleil et à la belle nature que j'ai tant aimé que je dirai Adieu ! à la vie et à vous tous ma bien chère femme et mes bien chers amis. Je pardonne à tous ceux qui m'ont fait du mal où qui ont voulu me faire du mal sauf à celui qui nous a trahis pour racheter sa peau et ceux qui nous ont vendu. Je tembrasse bien bien fort ainsi que ta sœur et tous les amis qui me connaisse de loin ou de près, je vous serre tous sur mon cœur. Adieu. Ton ami Ton camarade Ton mari Manouchian Michel.

P.-S. : J'ai quinze mille francs dans la valise de la Rue de Plaisance. Si tu peux les prendre rends mes dettes et donne le reste à Armène. M.M.

• Louis Aragon, « Strophes pour se souvenir »

Pour célébrer le dixième anniversaire de la Libération, Aragon compose, sur commande, ces « Strophes pour se souvenir » qu'il fait paraître dans son recueil de poésie *Le Roman inachevé*, en 1956. Dans ce texte, où l'alexandrin héroïque se mêle aux accents de la laisse [1] assonancée de l'épopée, Aragon veut magnifier le mythe collectif des résistants communistes. Pour ce faire, il choisit des étrangers « aux noms difficiles », et les dernières paroles d'un condamné à son épouse, celles de Manouchian à Mélinée. Les italiques parlent alors une langue qui dépasse le poème de circonstance et de commande.

Vous n'avez réclamé ni la gloire ni les larmes
Ni l'orgue ni la prière aux agonisants [2]
Onze ans déjà que cela passe vite onze ans
Vous vous étiez servi simplement de vos armes
La mort n'éblouit pas les yeux des Partisans

---

1. *Laisse* : couplet d'une chanson de geste.
2. *Ni l'orgue ni la prière aux agonisants* : allusion à des obsèques religieuses.

Vous aviez vos portraits sur les murs de nos villes
Noirs de barbe et de nuit hirsutes menaçants
L'affiche qui semblait une tache de sang
Parce qu'à prononcer vos noms sont difficiles
Y cherchait un effet de peur sur les passants

Nul ne semblait vous voir Français de préférence
Les gens allaient sans yeux pour vous le jour durant
Mais à l'heure du couvre-feu des doigts errants
Avaient écrit sous vos photos MORTS POUR LA FRANCE
Et les mornes matins en étaient différents

Tout avait la couleur uniforme du givre
À la fin février pour vos derniers moments
Et c'est alors que l'un de vous dit calmement
Bonheur à tous Bonheur à ceux qui vont survivre
Je meurs sans haine en moi pour le peuple allemand

Adieu la peine et le plaisir Adieu les roses
Adieu la vie Adieu la lumière et le vent
Marie-toi sois heureuse et pense à moi souvent
Toi qui vas demeurer dans la beauté des choses
Quand tout sera fini plus tard en Erivan [1]

Un grand soleil d'hiver éclaire la colline
Que la nature est belle et que le cœur me fend
La justice viendra sur nos pas triomphants
Ma Mélinée ô mon amour mon orpheline
Et je te dis de vivre et d'avoir un enfant

Ils étaient vingt et trois quand les fusils fleurirent
Vingt et trois qui donnaient leur cœur avant leur temps

---

1. *Erivan* (ou Erevan) : capitale de l'Arménie.

Vingt et trois étrangers et nos frères pourtant
Vingt et trois amoureux de vivre à en mourir
Vingt et trois qui criaient la France en s'abattant [1].

«Strophes pour se souvenir», *Le Roman inachevé*, 1956.
© Éditions Gallimard.

La poésie contre la barbarie

• Jorge Semprun, *L'Écriture ou la vie*

Jorge Semprun est né en 1923 à Madrid. En 1937, il est contraint de quitter l'Espagne franquiste avec ses parents et termine ses études à Paris. Engagé très tôt dans la Résistance, il est arrêté, puis déporté à Buchenwald [2]. Il retrace l'expérience du maquis et de l'univers concentrationnaire dans son premier roman *Le Grand Voyage*, paru en 1963. En 1994, il revient sur cette expérience de la déportation dans un texte autobiographique, *L'Écriture ou la vie*.

Arrivé à Buchenwald en janvier 1944, Semprun noue des liens d'amitié avec d'autres détenus français, déportés comme lui lors des transferts massifs qui vidèrent les geôles françaises et le camp de Compiègne à la fin de l'année 1943. Yves Darriet et Serge Miller font partie de ces amis d'infortune : avec Semprun, ils partagent l'horreur quotidienne mais aussi des instants d'éternité volés à la barbarie et à la mort. La poésie devient alors pour eux la seule parole capable de rappeler la dignité de l'homme dans un décor d'apocalypse.

Dans la foule hagarde du block 62, corvéable à merci, désorientée par le choc avec la réalité surprenante de la vie à Buchenwald, aux codes inexplicables mais absolument contraignants, nous n'avions pu nous reconnaître, découvrir les points communs qui nous rattachaient au même univers culturel et moral. C'est dans les latrines collectives,

---

1. En 1962, Léo Ferré a mis en musique le poème d'Aragon dans une chanson intitulée *L'Affiche rouge*.
2. *Buchenwald* : camp de concentration allemand situé près de Weimar, créé en 1937 pour l'internement d'opposants au régime nazi.

dans l'ambiance délétère où se mélangeaient les puanteurs des urines, des défécations, des sueurs malsaines et de l'âcre tabac de *machorka* [1], que nous nous sommes retrouvés, à cause et autour d'un même mégot partagé, d'une même impression de dérision, d'une identique curiosité combative et fraternelle pour l'avenir d'une survie improbable.

Plutôt d'une mort à partager.

C'est là, un soir mémorable que Darriet et moi, tirant à tour de rôle des bouffées délicieuses d'un même mégot, avons découvert un goût commun pour la musique de jazz et la poésie. Un peu plus tard, alors qu'on commençait à entendre au loin les premiers coups de sifflet annonçant le couvre-feu, Miller est venu se joindre à nous. Nous échangions des poèmes à ce moment-là : Darriet venait de me réciter du Baudelaire, je lui lisais *La Fileuse* [2] de Paul Valéry. Miller nous a traités de chauvins en riant. Il a commencé, lui, à nous réciter des vers de Heine, en allemand. Ensemble, alors, à la grande joie de Darriet qui rythmait notre récitation par des mouvements des mains, comme un chef d'orchestre, nous avons déclamé, Serge Miller et moi, le lied de la Lorelei [3].

Ich weiss nicht, was soll es bedeuten
Dass ich so traurig bin [4]...

La fin du poème, nous l'avons hurlée, dans le bruit assourdissant des dizaines de paires de galoches de bois s'éloignant au galop pour regagner les baraquements, juste à la dernière minute avant le couvre-feu effectif.

---

1. *Machorka* (ou mahorca) : tabac de rebut qui se présente sous forme de filaments ligneux.
2. *La Fileuse* : premier poème du recueil *Album de vers anciens*.
3. *La Lorelei* : sirène légendaire qui envoûtait les bateliers du Rhin, elle a donné son nom à un célèbre poème de Heine, qui inspira à son tour Apollinaire. Sous la domination nazie, ce poème était déclaré d'auteur inconnu, car on ne voulait guère révéler l'identité de Heine, grand poète allemand (1797-1856), d'origine juive.
4. « Je ne sais pourquoi mon cœur est si triste. »

Und das hat mit ihrem Singen
Die Lorelei getan [1]…

Nous aussi ensuite, nous nous étions mis à courir pour regagner le block 62, dans une sorte d'excitation, d'indicible allégresse.

Le camp de Buchenwald est libéré le 11 avril 1945 par la 3e armée américaine. En attendant d'être rapatrié, Jorge Semprun vit encore dans le camp, lieu fantomatique où, en dépit de la libération, on meurt toujours du typhus et de la dysenterie. Seul sur la place de l'Appel, il déclame un poème de René Char pour affirmer la vie contre le sacrifice des innocents.

Sur la plate-forme de la tour de contrôle, un soldat américain est accoudé à la balustrade. Peut-être écoute-t-il la musique de l'accordéon russe, comme moi. Au sommet de la tour, un drapeau noir flotte en berne, depuis le jour de la libération.

Depuis la mort de Franklin D. Roosevelt.

Elle est venue par cette ligne blanche…

Je murmure le début d'un poème qui se nomme *La Liberté* [2].

Elle est venue par cette ligne blanche pouvant tout aussi bien signifier l'issue de l'aube que le bougeoir du crépuscule…

Sans l'avoir prémédité, ma voix s'élève, se renforce, s'enfle, pendant que je poursuis ma récitation.

Elle passa les grèves machinales ; elle passa les cimes éventrées. Prenaient fin la renonciation à visage de lâche, la sainteté du mensonge, l'alcool du bourreau…

Je crie désormais à pleins poumons, seul sur la place d'appel, la fin du poème de René Char.

---

1. « Et c'est la Lorelei, avec son chant fatal/Qui aura fait tout le mal. »
2. René Char, *Fureur et Mystère*, Gallimard, 1948.

Le soldat américain a pris des jumelles et me regarde.

C'est le 12 avril que j'avais lu pour la première fois le poème *La Liberté*. Ça tombait bien, c'était le lendemain de la libération de Buchenwald.

L'Écriture ou la vie, 1994.
© Éditions Gallimard.

• Le livre de Geneviève Anthonioz De Gaulle, *La Traversée de la nuit* (Seuil, 1998), est le témoignage d'une résistante déportée à Ravensbruck et qui, elle aussi, trouva dans la poésie un rempart à la barbarie.

• Deux anthologies ont été consacrées à la poésie des camps :
André Verdet, *Anthologie des poèmes de Buchenwald*, éditions Tirésias.

Henri Ponzol, *Ces voix toujours présentes*, Presses universitaires de Reims. ■

La poésie engagée en question

• Benjamin Péret, *Le Déshonneur des poètes* (1945)

Né en 1899, Benjamin Péret rencontre André Breton à Paris en 1920. Devenu un des fondateurs du surréalisme, il restera toute sa vie fidèle aux conceptions esthétiques du mouvement dans ses poèmes faits d'un jaillissement continuel d'images. Il suivra aussi Breton dans son attitude politique, qui allie le désir d'une révolution sociale et le refus de toute soumission de l'art à des fins politiques.

Ce refus est une des causes de son rejet du communisme stalinien, dans les années 1930, et de son rapprochement avec le trotskisme. En 1936, il participe à la guerre d'Espagne dans les rangs républicains. Après la défaite, il reprend son métier de correcteur à Paris. Mais, signalé comme militant révolutionnaire, il rejoint la zone Sud. En octobre 1941, il s'exile au Mexique où il mène une existence précaire jusqu'à la fin de la guerre.

C'est à Mexico qu'il publie en 1945 *Le Déshonneur des poètes*. Ce pamphlet est une réaction à *L'Honneur des poètes*, recueil de poèmes engagés publiés contre l'occupant nazi, auquel ont notamment contribué Aragon et Eluard, les anciens compagnons surréalistes, trahissant ainsi leur ancien idéal.

Il ne s'agit pas pour Péret de défendre « l'art pour l'art » et de refuser que les poètes s'engagent dans la cité. Dans les années 1920 en effet, les surréalistes faisaient l'éloge de la Révolution russe de 1917 et fustigeaient ouvertement les valeurs traditionnelles (patriotisme, religion), au nom desquelles les combattants de la Première Guerre mondiale s'étaient entretués.

Mais la poésie surréaliste doit tendre, au-delà de la révolution sociale, vers une « libération totale de l'esprit humain », par ses moyens propres, qui incluent notamment le rejet des conventions littéraires passées.

L'Honneur des poètes suscite donc l'indignation de Péret à double titre : d'une part, il considère que ces poètes communistes et chrétiens, sous prétexte de souder la population contre l'occupant, réhabilitent patriotisme et religion ; d'autre part, il constate que leur éloge des valeurs traditionnelles s'accompagne d'un retour à des formes poétiques du passé, en contradiction avec la liberté formelle qui est, pour lui, la condition même de l'expression poétique.

Je ne veux pour exemple de ce qui précède qu'une petite brochure parue récemment à Rio de Janeiro : *L'Honneur des poètes*, qui comporte un choix de poèmes publiés clandestinement à Paris pendant l'occupation nazie. Pas un de ces « poèmes » ne dépasse le niveau lyrique de la publicité pharmaceutique et ce n'est pas un hasard si leurs auteurs ont cru devoir, en leur immense majorité, revenir à la rime et à l'alexandrin classiques. La forme et le contenu gardent nécessairement entre eux un rapport des plus étroits et, dans ces « vers », réagissent l'un sur l'autre dans une course éperdue à la pire réaction [1]. Il est en effet significatif que la plupart de ces textes associent étroitement le christianisme et le nationalisme comme s'ils voulaient démontrer que dogme religieux et dogme nationaliste ont une commune origine et une fonction sociale identique. Le titre même de la brochure, *L'Honneur des poètes*, considéré en regard de son contenu, prend un sens étranger à toute poésie. En définitive, l'honneur de ces « poètes » consiste à cesser d'être des poètes pour devenir des agents de publicité.

[...]

Il y aurait encore beaucoup à dire de la liberté si souvent évoquée dans ces pages. D'abord, de quelle liberté s'agit-il ? De la liberté pour un petit nombre de pressurer l'ensemble de la population ou de la liberté pour cette population de mettre à la raison ce petit nombre de privilégiés ? De la liberté pour les croyants d'imposer leur Dieu et leur morale à la société tout entière et de la liberté pour cette société de rejeter Dieu, sa philosophie et sa morale ? La liberté est comme un « appel d'air » disait André Breton, et, pour remplir son rôle, cet appel d'air doit d'abord emporter tous les miasmes [2] du passé qui infestent

---

1. *Réaction* : réaction doit être pris ici dans son sens politique, c'est-à-dire qui s'oppose au progrès social issu des principes révolutionnaires.
2. *Miasmes* : mauvaises odeurs.

cette brochure. Tant que les fantômes malveillants de la religion et de la patrie heurteront l'aire sociale et intellectuelle sous quelque déguisements qu'ils empruntent, aucune liberté ne sera concevable : leur expulsion préalable est une des conditions capitales de l'avènement de la liberté. Tout «poème» qui exalte une «liberté» volontairement indéfinie quand elle n'est pas décorée d'attributs religieux ou nationalistes, cesse d'abord d'être un poème et par suite constitue un obstacle à la libération totale de l'homme, car il le trompe en lui montrant une «liberté» qui dissimule de nouvelles chaînes. Par contre, de tout poème authentique s'échappe un souffle de liberté entière et agissante, même si cette liberté n'est pas évoquée sous son aspect politique et social, et, par là, contribue à la libération effective de l'homme.

Le Déshonneur des poètes, 1945.
© Éditions José Corti.

Poésie anonyme, poésie du passé, poésie engagée

La parole déguisée : poésie ludique, poésie de contrebande

En 1940, les premiers résistants étaient isolés, sans moyens et sans appui. Refuser la défaite, c'était d'abord ranimer l'espoir de quelques-uns, tandis que la population française était effondrée après un désastre militaire sans précédent. Ainsi sont nés les premiers tracts clandestins, manuscrits ou dactylographiés, accompagnés de la consigne : «Prière de faire circuler». Recopiés ou reproduits, suivant le principe de la chaîne, ils ont parfois traversé toute la France. C'est le cas des deux poésies reproduites ici. Un résistant franc-comtois, Jean-François Mugnier-Pollet, témoigne du succès du *Nouvel Alphabet français* chez les jeunes collégiens de Dole, Montbéliard et Pontarlier : « "L'espoir RST" est un leitmotiv, un véritable mot de passe des pensionnaires de Franche-Comté, fréquemment entendu par le surveillant que j'étais alors [1]. »

Les jeux poétiques auxquels se livrèrent ces poètes de l'ombre ne sont pas sans rappeler les pratiques d'une génération de poètes que l'histoire littéraire a rassemblés sous le noms de Grands Rhétoriqueurs. Ces auteurs (Jean Meschinot, Jean Molinet, Jean Lemaire, etc.) dont les œuvres furent publiées entre 1470 et 1520, étaient des « manœuvriers du verbe » (Zumthor) qui hissèrent la formalisation poétique à un niveau rarement atteint, au risque parfois de l'hermétisme et de la gratuité. Poètes de cour, ils nourrissaient leurs écrits des événements politiques et militaires du moment mais aussi de leurs questionnements philosophiques. Plusieurs siècles plus tard, des auteurs anonymes vont retrouver les astuces et les jeux des Grands Rhétoriqueurs (voir la « Ballade à double lecture » et l'« Oraison qui se peult dire par hunt ou seize vers, tant en rétrogradant que autrement » de Meschinot ou encore le « Rondeau à lecture multiple » de Molinet, in Paul Zumthor, *Anthologie des Grands Rhétoriqueurs*, 10/18, 1978). ■

---

1. *In* François Marcot, *Les Voix de la Résistance*, Éditions Cêtre, 1989, p. 43.

Nouvel Alphabet français

La Nation	ABC
La Gloire	FAC
Les places fortes	OQP
Les provinces	CD
Le Peuple	ÉBT
Les lois	LUD
La justice	FMR
Le prix des denrées	LV
Le Ruine	HEV
La Honte	VQ
Mais l'Espoir	RST

Collaboration

Aimons et admirons	le chancelier Hitler
L'Éternelle ANGLETERRE	est indigne de vivre
Maudissons, écrasons	le peuple d'Outre-Mer
Le NAZI, sur la terre	sera seul à survivre
Soyons le seul soutien	du führer allemand
De ces navigateurs	tuons la race maudite
À eux seuls appartient	ce juste châtiment
La Palme des vainqueurs	répond au vrai mérite

Patrimoine poétique et imitation

Nous avons évoqué dans la présentation comment tout un patrimoine poétique avait été remis au goût du jour durant les années noires de l'Occupation. Souvent, il s'agissait de revenir aux sources d'une culture commune ou de redécouvrir un héritage oublié qui retrouvait son actualité en temps de guerre. Parfois, certains ont voulu reprendre à leur compte des œuvres connues pour les détourner de leur vocation première : travestis, investis d'une charge satirique, ces textes exprimaient alors le refus de l'Occupant.

C'est ce qu'illustrent les deux poèmes anonymes suivants. L'imitation du sonnet de Heredia délivre un message d'espoir empreint d'une certaine solennité, mais le procédé du pastiche permet de considérer avec distance ce qui n'est encore que l'utopie de la Libération. Celle de la *Ballade des Dames du temps jadis* se joue des subtilités de la poésie savante de Villon pour mieux dénoncer sur un mode trivial les dures réalités des restrictions causées par l'Occupation.

- **José Maria de Heredia, « Les Conquérants »** (*Les Trophées*, 1893)

Comme un vol de gerfauts hors du charnier natal,
Fatigués de porter leurs misères hautaines,
De Palos de Moguer, routiers et capitaines
Partaient, ivres d'un rêve héroïque et brutal

Ils allaient conquérir le fabuleux métal
Que Cipango mûrit dans ses mines lointaines,
Et les vents alizés inclinaient leurs antennes
Aux bords mystérieux du monde occidental.

Chaque soir, espérant des lendemains épiques,
L'azur phosphorescent de la mer des Tropiques
Enchantait leur sommeil d'un mirage doré ;

Ou, penchés à l'avant des blanches caravelles,
Ils regardaient monter en un ciel ignoré
Du fond de l'Océan des étoiles nouvelles.

- **« Les Conquérants », poème anonyme de la Résistance (début 1941, Jura)**

Comme un vol de gerfauts hors du charnier natal
Fatigués des ersatz[1] qui nourrissent à peine

---

1. *Ersatz* : produits alimentaires, souvent de piètre qualité, créés pour remplacer les produits normalement utilisés quand ceux-ci viennent à manquer ; ici, à cause .../...

De Brême et de Hambourg[1], rouliers et capitaines
Partaient, ivres d'un rêve héroïque et brutal.

Ils allaient conquérir le fabuleux métal
Dont Londres et Paris gardaient leurs caves pleines
Et de brusques défis vibraient dans leurs antennes
Quand le Führer parlait au monde occidental

Chaque soir, espérant des lendemains épiques,
Les rives de la Manche et les ports atlantiques
Enchantaient leur sommeil d'un mirage doré

Jusqu'au jour où, brisés dans leur noire envolée
Ils virent s'éployer dans un ciel ignoré
Signe du Jugement, la bannière étoilée[2].

• **François Villon, « Ballade des Dames du temps jadis »**
(*Le Testament*, 1461)

Dites-moi où, n' *en quel pays	* et
Est Flora la belle Romaine	
Archipiades * ne Thaïs	* Alcibiade
qui fut sa cousine germaine ;	
Écho, parlant quand bruit on mène	
Dessus * rivière ou sur étang,	* sur
Qui beauté ot * trop plus qu'humaine ?	* eut
Mais où sont les neiges d'antan ?	

.../... des difficultés d'approvisionnement et du rationnement pendant la guerre (par exemple l'orge grillé remplace le café, la margarine remplace le beurre).
1. *Brême, Hambourg* : ports allemands.
2. *La bannière étoilée* : le drapeau américain.

Où est la très sage* Héloïs,
Pour qui fut châtré et puis moine
Pierre Esbaillart* à Saint-Denis ?
Pour son amour ot cette essoine*
Semblablement, où est la roine
Qui commanda que Buridan
Fut jeté en un sac en Seine ?
Mais où sont les neiges d'antan ?

La roine* Blanche comme un lis
Qui chantoit à voix de seraine*,
Berthe au plat pied, Bietrix, Aliz,
Haramburgis qui tint le Maine,
Et Jeanne, la bonne Lorraine
Qu'Anglois brûlèrent à Rouen ;
Où sont-ils*, où, Vierge Souvraine ?
Mais où sont les neiges d'antan ?

Prince, n'enquerrez de semaine
Où elles sont, ne de cet an,
Qu'à ce refrain ne vous remaine* :
Mais où sont les neiges d'antan ?

• « Ballade des Dames du temps jadis », poème anonyme [1]
(début 1941, Jura)

Dites-moi où, dans quel pays
Sont allés nos chapons du Maine
Nos vaches grasses, nos brebis
Et nos moutons de haute laine ?
Frappés de disette soudaine
Nous restons là, claquant des dents ;
Plus rien à mettre en nos bedaines.
Mais où sont les neiges d'antan ?

Où s'en va le cuir de nos bœufs ?
Ce n'est point nous qui portons les bottes.
Où vont notre beurre et nos œufs ?
Nous n'en voyons cageot ni motte.
Semblablement où vont nos crottes
De chocolat au nouvel an ?
J'en ai vu emporter des hottes.
Mais où sont les neiges d'antan ?

La crème, blanche comme un lis,
Le lard rose à la brune couenne,
Nos bons fromages de pays,
Les patates de nos domaines,
Et les lapins de nos garennes
Qui sont occis par l'occupant
Où vont-ils, Vierge souveraine ?
Mais où sont les neiges d'antan ?

Prince, n'enquerrez de semaine
Où tout s'en va, ni de cet an ;
Tout part chez notre sœur germaine
Mais où sont les neiges d'antan ?

---

1. Présenté sur les ondes de la BBC, le 3 mars 1942.

Glossaire des figures de style

La poésie de la Résistance est une poésie engagée qui prête ses pouvoirs pour mieux témoigner, pour convaincre et décider, pour emporter l'adhésion de ses lecteurs. C'est pourquoi images fortes et figures de style expressives abondent dans ses vers : elles sont autant de moyens pour dénoncer l'inacceptable mais aussi pour susciter l'émotion et pour raviver l'espoir.

Les images

La comparaison : procédé de style qui consiste à établir un rapport de ressemblance (élément commun) entre deux réalités. Dans la comparaison, les deux termes (élément comparé et élément comparant) sont mis en relation par un outil grammatical (outil de comparaison).
*Une voix, **comme un tambour**, voilée / Parvient pourtant distinctement jusqu'à nous.*
(Desnos, « La Voix », *Contrée*.)

La métaphore : image qui consiste à identifier deux termes par le biais d'une comparaison dont on a supprimé le lien grammatical.
*Tu as envié comme nous **les clochards épiques de Leclerc** [1].*
(Discours d'André Malraux pour l'entrée des cendres de Jean Moulin au Panthéon.)

L'allégorie : idée générale ou abstraite mise en scène sous une représentation concrète ou une métaphore animée. L'allégorie est souvent indiquée par la majuscule.
*Le temps, **vieillard souffrant de multiples entorses** / Peut gémir.*
(Desnos, « Demain », *État de veille*.)
*Dans nos ténèbres, il n'y a pas de place pour la **Beauté**. Toute la place est pour la **Beauté**.*
(Char, « Feuillets d'Hypnos », fr. 237.)

---

1. Les soldats de la 2e DB.

La personnification : procédé qui consiste à attribuer un comportement humain à une idée, un objet ou un animal.
*L'Europe sous sa loi guerrière **se débattit**.*
(Victor Hugo, *Les Châtiments*.)

Les figures de substitution

La métonymie : deux réalités sont liées par un rapport de proximité (contenant/contenu, effet/cause, origine/objet). Permet de donner de la densité à l'énoncé.
Paris [1] *a froid, **Paris** a faim.*
(Eluard, « Courage », *Au rendez-vous allemand.*)

La synecdoque : deux réalités sont liées par une relation d'inclusion ou de contiguïté (la partie pour le tout, la matière pour l'objet...). Donne une vision fragmentée, impressionniste de la réalité.
*Mais à l'heure du couvre-feu, **des doigts errants** / avaient écrit sous vos photos* MORTS POUR LA FRANCE.
(Aragon, « Strophes pour se souvenir », *Le Roman inachevé.*)

Les figures d'opposition

L'antithèse : mise en relief de deux expressions en les opposant.
La vie et la mort, l'ombre et la lumière.
*Or **du fond de la nuit**, nous témoignons encore / **De la splendeur du jour** et de tous ses présents.*
(Desnos, « Demain », *État de veille.*)

L'oxymore : rapprochement de deux mots dont le sens est apparemment inconciliable (cas particulier de l'antithèse).
La guerre : « une boucherie héroïque ».
(Voltaire, *Candide*)

Le chiasme : disposition symétrique (a-b-b-a) d'éléments constitutifs de deux groupes d'antithèses.
***Le matin** est neuf, neuf est **le soir**.*
(Desnos, « Demain », *État de veille.*)

---

1. Paris désigne ici les habitants de Paris.

Les figures d'amplification et d'atténuation

L'hyperbole : exagération dans les termes que l'on emploie pour insister sur une idée.
Je suis morte de fatigue.

La gradation : coordination ou juxtaposition de plusieurs termes de force croissante ou décroissante.
*Voici l'or, **viens, pille et vole**,*
Petit, petit.
(Hugo, *Les Châtiments*)

La litote : dire peu pour suggérer beaucoup (souvent employée dans une phrase à forme négative).
Je n'étais pas mécontent : j'étais très satisfait.

L'euphémisme : type particulier de périphrase visant à atténuer l'expression d'une réalité brutale ou blessante.
*Il est parti, **il a fini**.*
(Guillevic, « Bretagne », *Exécutoire*.)

Les procédés d'insistance

Le parallélisme : syntaxe semblable de deux énoncés (rythme la phrase, souligne l'antithèse).
*Un grand soleil d'hiver éclaire la colline / **Que** la Nature est belle **et que** le cœur me fend.*
(Aragon, « Strophes pour se souvenir », *Le Roman inachevé*.)

Répétition et anaphore : répétition d'un même mot dans une phrase ou au début de chaque phrase.
***Vingt et trois** qui donnaient leur cœur avant le temps*
***Vingt et trois** étrangers et nos frères pourtant*
***Vingt et trois** amoureux de vivre à en mourir*
***Vingt et trois** qui criaient la France en s'abattant.*
(Aragon, « Strophes pour se souvenir », *Le Roman inachevé*.)

Énumération et accumulation : série plus ou moins longue de termes appartenant à une même catégorie grammaticale (effet de profusion ou d'anarchie).

*Il y a beaucoup de **bois blancs***
***Des yeux, des poings, des hurlements**...*
(Guillevic, « Bretagne », *Exécutoire*.)

Autres figures

La périphrase : évoquer un mot par une expression synonyme.
La ville-lumière : Paris.

L'ellipse : effet d'intensité créé par le sous-entendu, par l'omission de termes qui peuvent cependant se deviner.
Rien qu'un mot, la porte cède,
S'ouvre et tu sors, rien qu'un mot [1].
(Aragon, « Ballade de celui qui chanta dans les supplices », *La Diane française*.)

La paronomase : rapprochement de deux mots dont le son est proche mais le sens différent.
Solitaire, solidaire.
*Aux **armes** citoyens, aux **larmes** citoyens.*

L'apostrophe : procédé oratoire qui consiste à interpeller le destinataire du discours.
***Frères**, ayons du courage...*
(Eluard, « Courage », *Au rendez-vous allemand*.)
***Ô ma France**, ô ma délaissée.*
(Aragon, « C », *Les Yeux d'Elsa*.)

---

1. Allusion à Gabriel Péri torturé mais qui ne parla pas.

Dernières parutions

ALAIN-FOURNIER
Le Grand Meaulnes

ANOUILH
La Grotte

ASIMOV
Le Club des Veufs noirs

BALZAC
Le Père Goriot

BAUDELAIRE
Les Fleurs du mal – *Nouvelle édition*

BAUM (L. FRANK)
Le Magicien d'Oz

BEAUMARCHAIS
Le Mariage de Figaro

BELLAY (DU)
Les Regrets

BORDAGE (PIERRE)
Nouvelle vie™ et autres récits

CARRIÈRE (JEAN-CLAUDE)
La Controverse de Valladolid

CATHRINE (ARNAUD)
Les Yeux secs

CERVANTÈS
Don Quichotte

« C'EST À CE PRIX QUE VOUS MANGEZ
DU SUCRE... » Les discours sur l'esclavage
d'Aristote à Césaire

CHEDID (ANDRÉE)
Le Message
Le Sixième Jour

CHRÉTIEN DE TROYES
Lancelot ou le Chevalier de la charrette
Perceval ou le Conte du graal
Yvain ou le Chevalier au lion

CLAUDEL (PHILIPPE)
Les Confidents et autres nouvelles

COLETTE
Le Blé en herbe

COLIN (FABRICE)
Projet oXatan

CONTES DE SORCIÈRES
Anthologie

CONTES DE VAMPIRES
Anthologie

CORNEILLE
Le Cid – *Nouvelle édition*

DIDEROT
Entretien d'un père avec ses enfants

DUMAS
Pauline
Robin des bois

FENWICK (JEAN-NOËL)
Les Palmes de M. Schutz

FEYDEAU
Un fil à la patte

FEYDEAU-LABICHE
Deux courtes pièces autour du mariage

GARCIN (CHRISTIAN)
Vies volées

GRUMBERG (JEAN-CLAUDE)
L'Atelier
Zone libre

HIGGINS (COLIN)
Harold et Maude – *Adaptation de
Jean-Claude Carrière*

HOBB (ROBIN)
Retour au pays

HUGO
L'Intervention, *suivie de* La Grand'mère
Les Misérables – *Nouvelle édition*

JONQUET (THIERRY)
La Vigie

KAPUŚCIŃSKI
Autoportrait d'un reporter

KRESSMANN TAYLOR
Inconnu à cette adresse

LA FONTAINE
Fables – *lycée*
Le Corbeau et le Renard et autres fables –
collège

LAROUI (FOUAD)
L'Oued et le Consul et autres nouvelles

LEBLANC
L'Aiguille creuse

LONDON (JACK)
L'Appel de la forêt

Imprimé à Barcelone par:
BLACK PRINT

Création maquette intérieure :
Sarbacane Design.

Composition : IGS-CP.
N° d'édition : L.01EHRN000237.A005
Dépôt légal : août 2014